La magia
del poder psicotrónico

ROBERT B. STONE

La magia del poder psicotrónico

Libere el ilimitado poder
que subyace en su mente

www.edaf.net
MADRID - MÉXICO - BUENOS AIRES - SANTIAGO
2025

Título original:
THE MAGIC OF PSYCHOTRONIC POWER

© De la traducción: Ana M.ª Aznar
© 1978. By Parker Publishing Company, Inc., West Nyack N.Y.
© 2011. De esta edición, Editorial EDAF, S. L. U.

Diseño de cubierta: Marta Villarín

EDAF, S. L. U.
Jorge Juan, 68. 28009 Madrid
http://www.edaf.net
edaf@edaf.net

Algaba Ediciones, S. A. de C. V.
Calle 21, Poniente 3323, Colonia Belisario
Domínguez Puebla, 72180, México
Teléfono: 52 22 22 11 13 87
jaime.breton@edaf.com.mx

Edaf del Plata, S. A.
Chile, 2222
1227 Buenos Aires - Argentina
edafdelplata@gmail.com
fernando.barredo@edaf.com.mx

Edaf Chile, S. A.
Huérfanos 1178, Oficina 501
Santiago, Chile
comercialedafchile@edafchile.cl

Queda prohibida, salvo excepción prevista en la ley, cualquier forma de reproducción, distribución, comunicación pública y transformación de esta obra sin contar con la autorización de los titulares de la propiedad intelectual. La infracción de los derechos mencionados puede ser constitutiva de delito contra la propiedad intelectual (art. 270 y siguientes del Código Penal). El Centro Español de Derechos Reprográficos (CEDRO) vela por el respeto de los citados derechos.

20.ª edición, febrero 2025

ISBN: 978-84-414-2699-3
Depósito legal: M-36.912.2011

Papel 100% procedente de bosques gestionados de acuerdo con criterios de sostenibilidad

PRINTED IN SPAIN   IMPRESO EN ESPAÑA
Cofas, S.A.

Cuando se trabaja con el poder psicotrónico y se ve cómo mejora la vida de uno, se toma conciencia de las fuerzas cósmicas que trabajan fuera de uno en armonía con la fuerza de dentro. A esas fuerzas, cualesquiera que sean, donde quiera que estén, sean lo que sean, les dedico este libro.

Contenido

	Págs.
Qué puede hacer por usted este libro... y cómo funciona	15

1. La llave que abre su poder psicotrónico 21
   Por qué el poder psicotrónico debe trabajar para usted 22
   Su generador psicotrónico y cómo hacerlo trabajar para usted 24
   El proceso fotográfico especial que retrata su poder psicotrónico 27
   Cómo algunas personas han estado utilizando su poder psicotrónico sin saberlo 28
   Sus dedos concentran la energía psicotrónica 30
   Sus ojos enfocan la energía psicotrónica 32
   Cómo realiza sus milagros el poder psicotrónico 33
   El más antiguo poder en la historia del hombre 35
   Primeros pasos para guiar a su conveniencia su energía psicotrónica 37
   La fabulosa mente tiene un vasto poder sin utilizar 39

2. Utilice su poder psicotrónico para hacer realidad sus deseos 41
   El primer paso en la transmisión efectiva del poder psicotrónico 42

Cómo atraer a una persona a su lado 44
Cómo contribuyen sus manos al poder de la energía psicotrónica 47
Cómo ojos y dedos contribuyen al poder de la energía psicotrónica 49
Cómo obtener la respuesta que necesita 51
Encontró para la policía el bolso robado 54
Cómo sintonizar su detector de energía psicotrónica para obtener la información precisa 55
Siete simples pasos para adquirir información a varios kilómetros de distancia 56
La energía psicotrónica fluye en ambos sentidos... No solo se puede detectar, sino también corregir 58

3. **Conecte con el generador psicotrónico cósmico para lograr un poder ilimitado sobre los demás** 61

Por qué al conectar su generador psicotrónico con el generador psicotrónico cósmico se crea un poder ilimitado 63
Cómo «conectar» en dos minutos 65
Defina su intención y dele al interruptor 67
Utilización del «propósito» para cerrar los circuitos del poder .. 69
Cómo evitar los «atascos» en sus señales psicotrónicas 70
Cómo hacer que los demás vean las cosas como usted 73
Haga resonar cada célula de su cuerpo para que se cumpla su voluntad 75
Usted tiene poder para deshacer las nubes 78
Una forma de elevar su vida y de hacer que las personas importantes se pongan de su parte 80

4. **Mejore su salud, con solo chasquear los dedos, por medio de la energía psicotrónica** 83

Cómo utilizar sus manos para que cese el dolor en su cuerpo en pocos minutos 84
Comprenda el poder que tienen sus manos para curar 87

CONTENIDO

Cómo se realiza la curación psicotrónica 90
Cómo se compagina la oración con la curación psicotrónica .. 92
Cómo liberarse de ciertas condiciones físicas 94
Su energía psicotrónica puede curar a los demás 96
Ayude a su propia salud ayudando a los demás 98
Cómo «ver» los problemas de salud en los demás 99
Señales de la mano que obran milagros en la salud 103

5. **Cómo utilizar los ojos para enfocar la energía psicotrónica en gamberros, tiranos, vecinos molestos y otras personas «incómodas» a las que desee controlar** 105
Sus ojos pueden dirigir el poder psicotrónico hacia donde quiera 106
Cómo transformar a las personas molestas con el poder psicotrónico 107
Retratos, mechones de cabello, recortes de uñas, ropas... Por qué actúan como conexiones con una persona real 108
Cómo acelerar la dimisión de un tirano 112
El escudo mágico que le protege de ataques físicos 114
Cómo cambiar las actitudes detestables de los demás 116
Cómo hacer que una persona cambie rápidamente 119
Formas y figuras geométricas que afectan a las personas ... 121
Los colores afectan a las personas. Cómo utilizar ciertos colores para influir sobre los demás 124
Influya con los ojos en la persona de un gamberro 126

6. **Poder psicotrónico para mejorar la salud y el bienestar de otros** 129
Cómo utilizar la mente, las manos y los ojos para enviar energía curativa a través de la persona a quien toca 130
Reconocimiento oficial del poder curativo de la energía psicotrónica 133
«Diagnóstico» psíquico a distancia 134
Cómo acabar con las rabietas de los niños 137

Un médico utiliza con éxito la energía de la conciencia en la terapia del cáncer	139
Cómo ayudar psicotrónicamente a su cuerpo para corregir sus molestias	142
Cómo alcanzar un estado aún más profundo de relajación para un mayor poder psicotrónico	145
Autocuración con el poder psicotrónico	148
Sus ojos como vehículo de energía curativa	150

7. Alcance un universo de energía psicotrónica para hacer que los demás trabajen para usted 153

Cómo utilizar el poder psicotrónico para no herir a los demás	154
La conciencia universal: ciencia o religión	155
Cómo hacer que las personas para quienes trabaja trabajen para usted	157
Cómo lograr ayuda de fuerzas invisibles	160
Cómo protegerse de las fuerzas ocultas desatadas para atraparle	165
Cómo utilizar el poder psicotrónico en situaciones competitivas	167
Cómo los grupos trabajan contra sí mismos y cómo invertir el proceso de fracaso	170

8. La mente por encima del dinero... Convierta el poder psicotrónico en poder monetario 173

La mente subconsciente: Un extraordinario ordenador	174
Qué ocurre cuando le ordena a su mente que produzca dinero	177
Por qué alfa contribuye a que la energía psicotrónica le dé un mejor rendimiento	179
Cómo utilizar el poder psicotrónico para mejorar sus negocios	181
Ascienda por la escala de los ingresos	183
Ascienda en el organigrama	186

CONTENIDO

Cómo obtener valiosa información intuitivamente 188
La combinación secreta de riquezas ocultas 192

9. **Poder psicotrónico para superar obstáculos sobrehumanos** 195
   Vencer azotes naturales 196
   Plan de actuación número dos para librarse de los insectos .. 199
   Problemas climáticos 201
   Terremotos, erupciones volcánicas y holocaustos 203
   El poder psicotrónico y el poder de la oración 205
   Cómo darle una mayor dimensión espiritual a la energía psicotrónica para resolver problemas sobrehumanos 209
   Unión de varios poderes psicotrónicos procedentes de varias fuentes para disolver su problema 211

10. **Cómo crujen sus manos con la energía creadora para hacer realidad los deseos de los demás** 215
    La ley de la psicotrónica 217
    Desencadene la acción en otras personas con sus manos 219
    Cómo aumentar el poder de sus manos 220
    Herramientas que hacen actuar a las manos como si tuvieran una supermente propia 222
    Cómo obtener respuestas a través de sus manos con un péndulo 224
    Cómo crear una batería de un vaso de agua que entonces toma su relevo 228
    Cómo pueden los dedos activar el poder superpsicotrónico para hacer realidad sus deseos 230

11. **Cómo sus ojos pueden dirigir un poder irresistible para lograr que una persona o varias hagan su voluntad** 233
    Contacto del ojo y control que con él se puede ejercer 234
    Los pro y los contra de que los demás hagan su voluntad ... 236

Cómo sintonizar su voluntad, de forma que lo que usted quiere sea aquello que el universo favorece 237
Cómo aumentar su Coeficiente Intelectual (CI) y ganarse la admiración y el apoyo de los demás 239
Cómo dar órdenes mentales en nítido tecnicolor 242
La ley del karma, subrayada en psicotrónica 244
Lo que ocurre realmente dentro de la persona a quien se controla 245
Utilización de fórmulas para obtener lo que se desea 248

12. **Cómo utilizar el poder psicotrónico para predecir el futuro... El suyo o el de los demás** 251
El secreto que se oculta tras la predicción acertada 253
Sueños premonitorios y cómo controlarlos 255
El sueño profético: cómo tenerlo, recordarlo y comprenderlo ... 256
Cómo ver el futuro interpretado ante usted en un escenario con todo detalle 259
Cómo cambiar lo que se ve en el futuro 265

13. **Cómo mantener la energía psicotrónica trabajando para que siga afluyendo la riqueza durante el resto de su vida** .. 269
Los instrumentos utilizados para domeñar y centrar la energía psicotrónica 271
Cómo fabricar su propia «máquina de dinero» psicotrónica .. 272
Sobre los cursos psicotrónicos y su valor como instrumento .. 274
El único paso que se precisa a diario para mantener el flujo de la energía psicotrónica 276
El más avanzado de todos los milagros psicotrónicos 278
Cómo cambiar el mundo a su alrededor y hacer de él el mejor de los mundos 281
Un sonido que puede utilizar para una vida plena 285

Qué puede hacer por usted este libro... y cómo funciona

Sai Baba es un santón de la India que puede crear cosas materiales del aire sin más. «¿Es usted Dios?» —le preguntó un joven.

«Sí. Y usted también —repuso Sai Baba—. La diferencia está en que yo lo sé.»

Recientemente, el gran estudioso de la semántica S. I. Hayakawa contó cómo había dejado de fumar. Se dio cuenta de que no disfrutaba con los cigarrillos. Entonces le prestó mucha atención a ese hecho. Empezó a tomar conciencia de que en realidad era un no fumador. Cuanto más crecía aquella idea, menos placer le producía encender un cigarrillo. Un día, cuando se preguntó a sí mismo si quería fumar, se sorprendió al responderse «no». Desde entonces, no ha vuelto a fumar.

El fuego se encendió por la mañana. Al anochecer las piedras estaban enrojecidas. Miles de personas se habían reunido en Fiji para ver a los hombres andar sobre el fuego. Los hombres cantaban. Bailaban sobre las ascuas y las ardientes piedras con los pies descalzos. No hubo quemaduras.

¿Qué conexión existe entre un hombre que produce piedras preciosas de la nada, un hombre que deja de fumar sin esfuerzo y los hombres que andan sobre fuego sin quemarse?

Los tres están utilizando energía psicotrónica.

Puede que nunca hayan oído hablar de ella, pero no importa. Cuando se le da a un interruptor se encienden las luces aunque nunca se haya oído hablar de la electricidad.

Explotar esa energía psicotrónica es tan fácil como darle al interruptor de la luz. La mayoría de la gente no ha oído hablar de ella. Aunque existe desde que el hombre existe, e incluso antes, los científicos no la han descubierto hasta los últimos cinco años, y solo entonces se empezó a utilizar el término «psicotrónica».

Ahora esa energía está bajo control. Cuando comience usted a utilizarla obtendrá resultados cada vez más increíbles. Es de suponer que usted también pueda utilizarla para crear piedras preciosas de la nada, controlar su cuerpo y andar sobre el fuego. Pero seguramente prefiera usted empezar con realizaciones más sencillas como:

- Ser amado tiernamente por un corazón antes indiferente.
- Doblar sus ingresos ahora y año tras año.
- Ganar en loterías y mesas de juego.
- Corregir desórdenes o enfermedades de su cuerpo y del de otros.
- Hacerse popular y ser llamado a todas partes.
- Resolver problemas en los negocios con éxito auténticamente genial.
- Materializar un coche nuevo, una casa nueva, un nuevo trabajo.
- Convertir la debilidad personal en fuerza hercúlea.
- Disfrutar de una protección milagrosa contra el mal.
- Renovar las células de su cuerpo para lograr una vida más larga.

El poder psicotrónico se ha negado a los escépticos, por lo que siguen haciendo burla de él. Sin embargo, conectan con él quienes lo aceptan. Les ocurrirán milagros hasta que llegue el escéptico y diga «no». Entonces se detiene el milagro. El poder psicotrónico del escéptico también funciona. Funciona en la forma en que él quiere que lo haga.

La creencia es el «interruptor» del poder psicotrónico. Los científicos lo aprendieron en su propia carne. Por ejemplo, observaron a una persona que demostraba cómo la energía psicotrónica puede desplazar un objeto a través de una mesa. Pero cuando llamaron a sus colegas escépticos, la demostración fracasó. Los científicos psicotrónicos se dan entonces cuenta de que su propia conciencia afecta a sus experimentos.

Estos experimentos demuestran, sin la menor sombra de duda, que cuando un hombre gira el interruptor psicotrónico queda conectado a un Generador Psicotrónico Cósmico que hace que cada uno de sus pensamientos actúe como un *hecho*.

Este libro le ayudará a conectar con ese Generador Psicotrónico Cósmico. Le brinda unos sistemas para crear beneficios que se convierten en una realización en su vida, a veces antes incluso de que acabe de leer esta página. Literalmente, pondrá un inmenso poder en sus dedos y en sus manos.

Aprenderá cómo señalando con los dedos, o realizando ciertos movimientos con las manos, se hacen... «milagros». Estos movimientos de las manos son fórmulas desencadenantes de la energía psicotrónica de la conciencia.

Sus ojos son también potentes emisores de energía milagrosa. Aprenderá a combinar la técnica del dedo y del ojo. Nada es imposible.

Mientras los psicólogos estudian la telepatía mental, mientras los químicos comprueban cómo cambia la estructura molecular del agua con las manos de un curandero por la fe, mientras los médicos estudian cómo la mente afecta al cuerpo a través del *biofeedback*, mientras los físicos estudian la levitación, la materialización y desmaterialización en el laboratorio, usted puede utilizar esta energía hoy en su vida corriente.

Asegure sus creencias en lo que es posible o no es posible.

«Conecte» con el Generador Psicotrónico Cósmico.

Mire.

Señale con el dedo.

Ejerza un control divino sobre su vida y su mundo.

Robert B. Stone

MI AGRADECIMIENTO

A los valerosos científicos que arriesgaron sus reputaciones profesionales para examinar una nueva energía, ante quienes me descubro con admiración. Hago votos para que la Asociación Internacional para la Investigación Psicotrónica siga proporcionándole a la humanidad conocimientos cada vez más profundos sobre su energía de la conciencia.

En cuanto al esfuerzo que supone ordenar un manuscrito, le doy las gracias a mi mujer, Lola, por su paciencia; a mis alumnos por sus contribuciones, y a Mildred Christopherson por su dedicación a la palabra mecanografiada.

1
La llave que abre su poder psicotrónico

Usted tiene un poder especial.

Está activado por una energía a la que los científicos están ahora mismo empezando a conocer y medir.

Es un poder sorprendente. Trabaja para usted en una forma que desafía cualquier explicación. Los científicos observan este poder en acción en condiciones de laboratorio..., y se preguntan qué ocurre en realidad.

Ese poder parece confirmar los cuentos de hadas sobre el genio que se apareció y ayudó a Aladino saliendo de la lámpara mágica; sobre el tapiz mágico que llevaba a su amo volando a cualquier sitio, instantáneamente; y sobre el hada madrina que llegaba en el momento oportuno para ayudar con una decisión crucial.

Este poder comienza a hacer milagros para usted en cuanto sepa que lo posee. Le trae dinero, amor, salud y éxito. ¿En qué orden? El poder obedece sus instrucciones, cumple con su decisión.

La electricidad no empezó a funcionar para el hombre hasta que este se dio cuenta de que estaba ahí. Traiga a un indígena de la selva más remota a una ciudad y la electricidad no funcionará para él hasta que se dé cuenta de que este botón enciende esta luz y aquel la radio.

Este poder se llama poder psicotrónico, y este libro le explica su poder y le dice cómo pulsar los botones y girar los conmutadores.

Al hacerlo, tiene usted la prueba inmediata de que tiene el poder...; tan inmediata como surge la luz en cuanto le da al interruptor.

Usted hace que ocurran las cosas. Controla su vida. Se enriquece a sí mismo y a los demás. He visto a personas utilizar fácilmente ese poder para:

- Hacer que otra persona cumpla su voluntad.
- Cambiar una decisión desfavorable después de tomada.
- Aumentar su atractivo sexual multiplicándolo por cien.
- Inyectar armonía donde había hostilidad.
- Hacer desaparecer dolorosos síntomas de enfermedad.
- Convertirse en un V.I.P.
- Adquirir una nueva casa, coche, o ambas cosas.

Cuando utiliza ese poder, no cuesta nada. No se desgasta. Siempre está ahí, de día y de noche.

He hallado las formas para centrar y concentrar ese poder instantáneamente, formas que le hacen actuar igual que un rayo láser.

¿Parece complicado? Al contrario. Se puede hacer con los dedos o a través de los ojos.

Es tan sencillo como mirar.

Y... tan sencillo como señalar con el dedo.

Por qué el poder psicotrónico debe trabajar para usted

En Checoslovaquia se llevó a cabo recientemente un experimento poco común. Uno de los investigadores estuvo mirando una caja, cuyas dimensiones se mantienen en secreto. Su «energía de mirada» quedó almacenada en la caja. Entonces se colocó esta en otra habitación.

Se le ató un puntero de madera que podía girar. Se colocaron cuatro diferentes frutas bajo el puntero. En la primera habitación, el investigador miró un plátano; en la otra habitación, el puntero se balanceó lentamente apuntando al plátano. Miró una manzana. El puntero señaló lentamente la manzana. Cada vez que el investigador se quedaba mirando una de las cuatro frutas, su energía de mirada contenida en la caja en otra habitación respondía y hacía girar el puntero hacia la fruta en cuestión.

Y aquí viene lo milagroso del experimento: si otra persona miraba el plátano, el puntero no respondía. Parecía saber de qué energía se trataba.

Sus ojos y dedos producen un poder que trabajará exclusivamente para usted. De hecho es suyo y solamente suyo.

Una señora americana leyó que otra señora rusa podía desplazar objetos con la mente. Se realizaba una y otra vez en un laboratorio con científicos rusos que observaban, medían y hacían informes. Si una rusa podía hacerlo, desde luego una norteamericana también, pensó. Practicó al principio con papel de aluminio. Se pasó horas y horas manipulando sus pensamientos, pero nada definitivo ocurría. Entonces se puso a mirar el papel de aluminio y a mover los dedos a unos treinta centímetros de él.

Se empezó a arrugar. ¡Se movió!

Al cabo de unos meses, unos científicos empezaron a observar y fotografiar a la mujer que movía papel de aluminio, clips y otros pequeños objetos situados bajo una campana de cristal.

Estas son demostraciones interesantes de la energía psicotrónica y del poder que ejerce. Pero desplazar objetos es una distorsión de los beneficios reales de ese poder. Es un poder inmaterial que interfiere en ese plano material solo ligeramente. Es algo así como un iceberg. El noventa por ciento está bajo la superficie.

El noventa por ciento de su poder psicotrónico opera de formas que no producen ni calor, ni luz, ni movimiento.

¿Qué es lo que produce? Produce necesidades para la supervivencia del hombre a través de las leyes de atracción y de repulsión.

Trabaja principalmente a través de la inteligencia y de la conciencia. Cruza grandes distancias, atraviesa muros y paredes y salva océanos. Es versátil.

Sarah L., de cincuenta y ocho años, utilizó su energía psicotrónica para quitarse años de encima y rejuvenecer su aspecto. Hoy día pasa por tener veinte años menos.

Larry S. utilizó su energía psicotrónica para influir sobre el rodar de los dados, ganando una y otra vez.

David M. utilizó su energía psicotrónica para influir en un negocio a su favor, negocio que se tramitaba a mil millas de distancia.

Señale con el dedo durante unos segundos.

Mire durante unos segundos.

Se produce un cambio milagroso en su vida. Es como si frotara su lámpara maravillosa y un genio cumpliera sus deseos.

Su generador psicotrónico y cómo hacerlo trabajar para usted

Usted ya ha utilizado su poder psicotrónico, pero a un voltaje muy bajo y, por tanto, solo con resultados ocasionales. Usted le llama suerte. Cuando las cosas le salen bien o cuando no, que es lo más frecuente.

Hay varias formas de producir el poder de su generador psicotrónico para tener siempre buenos resultados.

La llave de paso del generador psicotrónico se descubrió de manera totalmente accidental. Dos físicos estaban trabajando con una curandera espiritual cuya energía psicotrónica se había comprobado de distintas formas en el laboratorio. Decidieron utilizar una cámara de nubes para tratar de ver los efectos de su energía psicotrónica.

Una cámara de nubes es un recipiente de cristal rellenado con un gas ionizado por energía cósmica que penetra en la atmósfera. Saltan chispas hacia abajo de la cámara siempre que da en ella algún rayo cósmico. De vez en cuando, un aumento de energía cósmica produce una lluvia de esas chispas.

La curandera podía producir una lluvia de chispas con su mente. Lo hacía a una señal de los científicos, una y otra vez. Decidieron probar a distancia. Le telefonearon a su casa, a setecientas millas de allí. De nuevo, a una señal de ellos, causaba el mismo chisporroteo de chispitas, cuantas veces quisieran. Probaron al cabo de una semana. En esa ocasión se hallaban presentes unos colegas muy escépticos a los que deseaban demostrar esa fantástica actuación de la energía psicotrónica.

Sin embargo, nada ocurrió. Comprobaron el equipo, pero no hallaron fallos. Y sin embargo, por mucho que lo intentara, la curandera no pudo provocar chispas en la cámara de nubes. Los científicos escépticos levantaron las manos en señal de disgusto y se fueron.

Los otros dos científicos sabían lo que había pasado.

El poder psicotrónico que actuaba para los dos científicos escépticos era tan efectivo como el de la curandera espiritual —incluso más aún, ya que ellos tenían dos generadores contra el único generador de ella—. Lo que ellos creían y esperaban ver puso en marcha su poder psicotrónico, en dirección contraria al de ella.

Estamos aprendiendo cosas a saltos sobre este poder. Ahora ya sabemos cómo bloquear el poder psicotrónico de un enemigo o de un escéptico para que no interfiera con el nuestro.

También sabemos que el checo podía haber mirado un dibujo de una manzana con la misma efectividad que a una manzana de verdad para activar el puntero y que señalara a la manzana.

Esto significa que se puede utilizar el retrato de un hombre o de una mujer para ejercer control psicotrónico sobre ella.

Se puede utilizar la foto de una casa nueva, o de un nuevo coche, o de un nuevo barco, para activar su posesión.

Incluso se puede utilizar una carta de otra persona o algún objeto de su pertenencia, o incluso un cabello, para realizar una «conexión» de forma que el poder psicotrónico pueda fluir para activar sus deseos.

Roberta L. ¡cocina con energía psicotrónica! «Antes de haber oído hablar del poder de la mente —explica— era una cocinera deplorable. Odiaba preparar la comida. Todo se me quemaba. Se podían coger mis huevos fritos con la mano y comerlos como si fueran tostadas.»

Luego estudió con el autor y aprendió a poner a trabajar la energía psicotrónica en la cocina. «Sentí cómo la energía dirigía mis manos. Empezó a gustarme lo de cocinar. Mi familia aún no puede creer la diferencia. Todavía preguntan: "Mamá, ¿esto lo has guisado tú?".»

Ya sea cocinar, amar, tener éxito..., puede poner a trabajar su energía psicotrónica para usted.

La llave que activa su energía psicotrónica es *la fe*. Lo que usted crea y pueda ver definirá los límites de su poder.

El hecho de que usted tenga ese poder y pueda realizar milagros, milagros de salud, milagros de poder y milagros de éxito, quizá le parezca increíble. Pero conforme vaya sabiendo más cosas de las que están descubriendo los científicos sobre este poder, en las páginas siguientes, se irá reforzando su creencia. En efecto, este libro aumentará el volumen de su poder psicotrónico página tras página. En un par de capítulos empezará a ver manifestarse sus milagros en su vida, delante de sus ojos.

...Y en la punta de sus dedos.

El proceso fotográfico especial que retrata su poder psicotrónico

El médium psíquico de ayer podía percibir un cuerpo mental que parecía rodear al cuerpo físico. «El cuerpo mental es un objeto de gran belleza; la delicadeza y el rápido movimiento de sus partículas le dan un aspecto de luz viviente irisada», escribía Annie Besant con el reverendo C. W. Leadbeater a principios de este siglo. Aquella era una visión psíquica.

Sin embargo, los científicos de hace un siglo percibían el mismo fenómeno. La radiación humana o «efluvios» ya la observó Carsten en Inglaterra en 1843. Nikola Tesla, el inventor de la corriente alterna, empezó a utilizar un campo eléctrico de alto voltaje para examinar esa radiación en la década de 1890. Pero le correspondería a un matrimonio soviético, Semyon y Valentina Kirlian, perfeccionar un proceso fotográfico utilizando solo papel fotográfico, no película, que captaba la radiación humana.

Estas fotografías descubren destellos y auras o coronas alrededor del cuerpo —especialmente en la punta de los dedos—. Si se está cansado, la radiación es menor; si se está enfadado, los colores son rojos; si se está de humor para la oración, los colores son predominantemente azules.

El doctor Don Parker, creador de los Laboratorios de Lectura SRA, ha adaptado el método Kirlian al estudio de la reacción de un aura humana sobre otra. Los dedos de un hombre y de una mujer que se tocan cambian instantáneamente. A este método lo llama psicofotografía.

Jarbas Marinho, ingeniero de caminos del Instituto Brasileño para la Investigación Psicobiofísica de Sao Paulo, también ha producido una fotografía Kirlian que muestra el intercambio de energía de una persona a otra: energía psicotrónica.

En Estados Unidos, los experimentos referidos en la Segunda Conferencia Mundial de Psicotrónica de Montecarlo, julio de 1975, dicen que las emanaciones de una planta fueron restringidas con éxito por la acción consciente a distancia de dos hombres y de una mujer que utilizaban cada uno su propia conciencia, pero de formas distintas.

¿Qué significa todo esto? Significa que usted puede ejercer un control sobre los demás, si sabe controlar su propia potencia psicotrónica.

Déjeme decirle aquí y ahora que el aprender a controlar su poder psicotrónico es más fácil que aprender a montar en bici o aprender a conducir.

Es una habilidad natural. El hombre siempre ha tenido esa habilidad, esa capacidad, pero nunca lo ha hecho a sabiendas ni la ha utilizado a propósito.

Ya ha llegado el momento de hacerlo.

Cómo algunas personas han estado utilizando su poder psicotrónico sin saberlo

En Claverham (Inglaterra) hay un ingeniero industrial llamado Leonard Locker que utiliza un pequeño péndulo niquelado atado a un cordel, y sosteniéndolo sobre un mapa localiza las averías en los cables eléctricos subterráneos.

Fue cuando se retiró de ingeniero jefe en el Southwestern Electricity Board de Bristol (Inglaterra), hace unos años, cuando empezó a «buscar» averías de cables.

Ahora, compañías de toda Inglaterra le mandan sus planos de cables cuando tienen averías difíciles de localizar, y él señala el punto con exactitud infalible.

Cuando Locker le pide a su péndulo que «señale» la avería en un mapa de cables, está haciendo algo no muy distinto de lo que hacía el checo que se quedaba mirando la manzana y su energía «de mirada» hacía girar un puntero y señalar una manzana en la habitación de al lado.

Ambos están utilizando poder psicotrónico.

Es esa misma energía la que trabaja cuando un «buscador» utiliza el palo en forma de horquilla y encuentra agua allí donde los poceros fracasaron.

El péndulo y la vara adivinatoria funcionan con todo el mundo... cuando se dan cuenta de su poder psicotrónico. Pero luego, como se verá más adelante en este libro, en cuanto se da uno cuenta de ese poder, se pueden localizar más objetos, descubrir vetas de mineral y determinar mejores localizaciones para nuevas empresas, incluso sin utensilios como el péndulo o la varita.

Los curanderos psíquicos, ya utilicen la imposición de manos o la oración, están explotando la energía psicotrónica.

Van ustedes a aprender a explotar la energía psicotrónica en las páginas siguientes, y serán capaces de utilizarla, como lo hacen actualmente miles de personas para curar.

Los psíquicos que predicen el futuro, tengan o no conciencia de ello, están utilizando el poder psicotrónico para trascender el tiempo y conocer el porvenir.

Cuando aprenda a controlar sus poderes psicotrónicos podrá predecir acontecimientos del futuro.

Los expertos psicométricos, como Peter Hurkos, que con tocar un objeto que tenga que ver con un crimen son capaces de localizar al criminal, están utilizando su poder psicotrónico.

Cuando empiece a controlar su poder psicotrónico podrá retroceder en el tiempo y salvar grandes distancias para saber lo que quiera y realizar cualquier cosa que usted querría haber realizado.

Los poderes psíquicos, que fueron antes el pariente pobre del misticismo, se están convirtiendo ahora en poder psicotrónico:

- Fotografiable.
- Mensurable.
- Controlable.

Su poder psicotrónico será para usted tan milagroso como les parecía a nuestros abuelos la electricidad.

De hecho, el doctor Shiuji Inomata, del Laboratorio Electrónico japonés, cree que pronto llegará el día en que la energía eléctrica se transforme en energía psicotrónica. Los ordenadores poseerán de ese modo las capacidades de la conciencia humana para ver el futuro y obtener información a varios miles de millas de distancia.

Sus dedos concentran la energía psicotrónica

¿Ha observado cómo hablan algunas personas con las manos? Al hablar van dando énfasis con ellas a lo que están diciendo con gestos y movimientos apropiados.

Las manos son un canal de energía. Trabajamos con las manos, hablamos con las manos, exploramos con las manos. No es solo la energía física la que pasa a través de nuestras manos, sino también la energía psicotrónica.

Puesto que ya en la infancia aprendemos con las manos, son un punto de partida especialmente apropiado para aprender a controlar la energía psicotrónica.

Es posible que vea usted emanar de la yema de sus dedos la energía psicotrónica, y seguramente podría sentirla.

Plan de acción para sentir la energía psicotrónica

Para verla: Encuentre un fondo negro. Tóquese las yemas de los dedos de la mano izquierda con las yemas de los dedos de la mano derecha. Inspire profundamente; lentamente, vaya separando los dedos. Verá unas líneas blancas transparentes que los conectan aún.

Para sentirla: Mantenga la palma de la mano izquierda verticalmente, frente a la derecha. Extienda los dedos de la mano derecha apuntando hacia la palma izquierda. Mantenga los dedos al menos a quince centímetros de la palma para no sentir el calor. Ahora vaya moviendo lentamente los dedos de la mano derecha de arriba abajo como si estuviese disparando balas a la mano izquierda. Al hacerlo, sentirá como un hormigueo u otra sensación que recorre su palma izquierda de arriba abajo. Eso que siente es la energía psicotrónica.

Para utilizarla: Mantenga un dibujo en su mente de lo que quiere que ocurra, de una forma especial que le enseñaré. Luego extienda los dedos hacia la persona o cosa en cuestión —o hacia un retrato o esquema de la persona o cosa—, y lo que quiere usted que ocurra quedará activado.

Billy y Lillian S. sabían qué clase de casa querían. No tenían los cincuenta mil dólares que costaría construirla; lo cierto es que debían dinero. Pero dibujaron la casa —el plano y una vista desde fuera— y mantuvieron los dibujos donde pudieran transmitirles energía psicotrónica con los dedos y con los ojos al mirarlos.
La casita en que vivían se les hacía muy estrecha. Día tras día se acumulaban las facturas. Sin embargo, sabían que eso lo habían creado a partir de sus dibujos mentales originales cuando se dijeron «vamos a probar» juntos. En aquello habían tenido éxito. Ahora lo tendrían con eso otro.
En pocos meses se resarcieron de sus deudas. Lillian recibió un importante legado de dinero y poco tiempo después ya tenían el terreno. Un constructor les pidió setenta mil dólares, pero ellos siguieron insuflando a los planos más energía psicotrónica.

Un día conocieron socialmente a un constructor. Estudió los planos y les pidió treinta mil. Un banco se ofreció a financiarlo. Al cabo de seis meses, Bill y Lillian vivían en la casa de sus sueños pagando menos de lo que pagaban de alquiler anteriormente.

Bill y Lillian vivieron felices en aquella casa durante quince años. Pero entonces se les antojó ir a vivir a un clima tropical. Empezaron a idear, planear, dibujar y «programar». Ya lo ha adivinado usted: allí están ahora.

Sus ojos enfocan la energía psicotrónica

¿Se ha quedado usted alguna vez mirando a alguien y este se ha vuelto a mirarlo?

Un hombre que suele mirar a las chicas bonitas en la playa sabe, aunque la chica no lo vea mirarla, que ella se ajustará el biquini.

Hay un poder en la mirada que usted podrá sentir igual que siente el poder en su mano cuando apunta hacia ella con los dedos. El poder de la mirada que hace que alguien se vuelva, que una chica se ajuste el bañador, es el mismo poder que los checos han aprendido a almacenar en un recipiente de forma especial que hará girar un puntero.

Es el poder psicotrónico.

Adolf Hitler utilizó ese poder contra Checoslovaquia y otros países antes de estallar la Segunda Guerra Mundial. Testigos que visitaron su despacho privado en Berchtesgarten vieron fotografías de Praga, Varsovia, Amberes, Amsterdam y otras ciudades clave europeas ilustrando las paredes. Cada fotografía tenía pintadas esvásticas como si fueran carteles en los edificios de las ciudades.

¿Utilizaba algún poder oculto cuando miraba intensamente aquellas fotografías y deseaba que lo que veía fuera cierto? Quizá lo creía así, pero hoy día la ciencia le ha quitado el ocultismo a ese procedimiento. Así es cómo se utiliza el poder psicotrónico, o mejor dicho, cómo se abusa de él.

El poder psicotrónico no es distinto de cualquier otra clase de poder. La electricidad se puede utilizar bien para beneficio de los hombres; si se utiliza mal, electrocuta. El calor puede cocinar y calentar una casa, y también quemar. El poder atómico puede accionar un generador, pero también arrasar una ciudad.

El poder psicotrónico puede proporcionarle riquezas sin fin si lo utiliza adecuadamente. Si no lo utiliza bien, puede acarrear dolor y desastres, como demostró Hitler.

Léanse las instrucciones antes de su uso, dicen los prospectos. Ahora le coloco yo a usted el prospecto delante. Le prometo que en las siguientes páginas no solo le daré la clave de cómo centrar su poder psicotrónico para mejorar su salud, su fortuna y su éxito, sino de cómo hacerlo sin riesgos, aportando una gran felicidad a cuantos se vean afectados por su utilización.

Los ojos lo poseen. Las manos lo poseen. Los ojos y las manos son «armas» psicotrónicas.

Tiene poder en la mirada.

Tiene poder al señalar.

Tiene un poder mental que genera energía psicotrónica que obtiene sus «instrucciones» de sus ojos y de sus dedos para hacer su voluntad como un gigante esclavo.

Cómo realiza sus milagros el poder psicotrónico

La definición de la psicotrónica al comienzo de este libro describe cómo es una interacción entre la conciencia y la materia.

Los científicos de todas las disciplinas —física, biología, medicina, química— están ahora estudiando esos efectos de la conciencia sobre el cuerpo y sobre el entorno.

Un camarero que no podía permitirse el lujo de tener un coche que lo llevara al trabajo, se paraba a diario ante una preciosa casa que había en su camino. ¡Cómo le gustaría vivir en una casa como aquella!

Una tarde, una mujer a la que servía en el restaurante, le dijo: «Joven, lo he visto mirar mi casa prácticamente todos los días. Me marcho a vivir al sur, ¿le interesaría comprarla?».

Explicó el muchacho que no tenía dinero suficiente. Ella le dijo que le gustaría que la casa fuera a parar a manos de alguien que supiera apreciarla y cuidarla, aunque ya no le perteneciera a ella. Lo invitó a visitarla. Durante la visita aceptó venderle la casa a un precio tan bajo que pudo pagarla con su sueldo y propinas. Poco después vivía en la casa que tanto había mirado.

En este caso puede usted pensar que se trata de una «coincidencia». Tuvo la suerte de fijarse en una casa cuya propietaria tenía un corazón de oro.

Pero cuando vea trabajar al poder psicotrónico y vea que le proporciona a la persona que genera el poder...

- Un viaje alrededor del mundo.
- Un esposo.
- Una nueva oportunidad en la vida.
- Un anillo extraviado.
- Una posición ejecutiva.
- Un fallo de un tribunal.

...empezará a preguntarse si se trata realmente de «coincidencias».

Incluso los científicos que se ocupan de medir y de fotografiar la energía psicotrónica y de verla realizar «milagros» en el laboratorio, no están totalmente seguros de la naturaleza exacta de lo que estudian.

A muchos les confunde la evidencia. Parece ser que existe una cualidad en el espacio que permite a la energía psicotrónica desplazarse instantáneamente. Esto no obedece a las leyes existentes de la física tal y como se entienden normalmente. Parece caer más bien dentro del ámbito de la religión. Las personas que utilizan el poder psicotrónico hacen gala de facultades divinas. Naturalmente, esto deja perplejos a los científicos, pero perseveran, especialmente en los países donde no se aceptan los conceptos tradicionales de la religión.

Es una mera cuestión de tiempo el que se alteren las actuales leyes de la física para aceptar los nuevos datos proporcionados por la psicotrónica.

Mientras, es más fácil utilizar la energía psicotrónica que tratar de explicarla.

La ciencia aún no ha explicado el sentido del olfato. Las energías físicas que irradian y hacen que una flor cause una fragancia, la ciencia las supone hoy, pero no las mide, no las demuestra. En realidad, hay más pruebas científicas de la energía psicotrónica que del fenómeno que llamamos «olor».

El más antiguo poder en la historia del hombre

La palabra «psicotrónica» no se definió oficialmente hasta 1975. Pero al igual que la electricidad iluminaba el cielo con los relámpagos mucho antes de que naciera el término «electricidad», así la energía psicotrónica ha estado afectando las vidas de los hombres durante milenios.

Los alquimistas medievales la llamaban «fluido vital»; «Mumia» la llamaba Paracelso, el físico suizo del siglo XVI; «Magnetismo animal», Mesmer, el doctor alemán, pionero del hipnotismo, hacia 1800; «Energía del argón», Wilhelm Reich; «Fuerza ódica», el barón de Reichenbach; y otros tantos nombres científicos, como «Vis medicatrix naturae», «Energía elóptic», «Éter nervioso», «Fuerza X» y «Energía biocósmica».

Los gurús de la antigua India trabajaban con una energía vital a la que llamaban «prana». Se especializaron en controlar esa energía y en producir fenómenos que asombran a los científicos incluso hoy.

En Hawai, donde reside el autor, los sacerdotes o *kahunas* trabajaban con «maná». Podían conectar con esa energía y mejorar el nivel de vida y también producir la muerte. Todos estos secretos empiezan hoy a salir a la luz.

El hombre siempre ha tenido energía psicotrónica, pero no siempre la ha convertido en poder controlándola y poniéndola a trabajar.

Ahora sabemos cómo hacerlo. El trabajo que puede realizar para nosotros es tan increíble como lo era la telegrafía sin hilos para nuestros antepasados, y la radio y la televisión. Ahora podemos controlarlo todo.

Cuando aprenda, en las páginas siguientes, a controlar su energía psicotrónica, estará aprendiendo a poner a trabajar esa energía y hará que la televisión parezca un juego de niños.

La energía puesta a trabajar es la potencia, el poder. Tendrá poder para hacer cosas que solo los místicos y los psíquicos han logrado hacer.

La razón de que hayan podido realizar esos «milagros» es que, a sabiendas o no, pusieron a trabajar su energía psicotrónica.

El método es muy sencillo. Todo lo que pone en juego son los ojos, los pensamientos y, ocasionalmente, los dedos. Le brinda la «combinación» secreta para abrir la puerta a capacidades dormidas, tales como:

- Predecir acontecimientos futuros.
- Obtener la solución de un problema desconcertante.

- Saber dónde está una persona y qué está haciendo exactamente.
- Ser un «curandero por la fe».
- Adquirir una posesión legal sin dinero.
- Afectar al tiempo.
- Localizar pozos de petróleo, vetas de mineral y piedras preciosas.
- Hacer que una persona cumpla sus deseos.

Aún más, podrá enseñar a los demás estas mismas cosas fantásticas.

Georgette S. estaba admirando unos colgantes en un escaparate. Vio uno que le pareció perfecto para ella. Dirigió hacia él su energía psicotrónica de cierta manera. Al momento salió el dueño de la tienda y se fue hacia ella, sacó de la vitrina el colgante en que se había fijado y se lo tendió a Georgette.

—¿Le gusta?

—¡Ya lo creo!

—Pues es suyo, puede cogerlo.

Era un regalo. Un inexplicable impulso que sintió el dueño de la tienda.

¿Coincidencia? ¿O psicotrónica? (¿Recuerda lo que significa? «...Los campos de interacción entre la gente y su entorno...»)

Primeros pasos para guiar a su conveniencia su energía psicotrónica

El laboratorio de electricidad de Benjamin Franklin daba mucho que hablar a sus vecinos. Misteriosas jarras, cometas, objetos metálicos.

Su laboratorio psicotrónico está en un lugar secreto, oculto a miradas curiosas, y todo montado con un equipo generador y computador que vale millones de dólares. Se encuentra dentro de su cerebro.

Usted ya sabe utilizar ese fabuloso órgano del ser humano. Toda la novedad consistirá en utilizarlo para que genere poder psicotrónico para realizar un trabajo especial, componiendo ciertas actitudes, deseos e imágenes mentales en una secuencia especial y de una forma especial. Lo que también le resultará nuevo será añadir un enfoque como de láser con ayuda de sus dedos y de sus ojos.

Todos sabemos que nuestra mente está ahí. No la utilizamos de forma consciente. Funciona sin más.

Ahora estamos leyendo. Usted decidió abrir este libro y leer. Enfoca sus ojos en la página, y la lectura tiene lugar.

La suma y otras operaciones aritméticas requieren un poco más de «poder pensante». Cinco y seis son once. Diecisiete y dieciséis son (siete y seis trece y llevo una y una y una dos y una tres; treinta y tres). Es trabajo mental.

La utilización del poder psicotrónico no es un trabajo mental. Es más sencillo que la aritmética. Es incluso más fácil que leer este libro.

La razón de que sea tan fácil es que utiliza imágenes en lugar de palabras y de números.

Las palabras y los números son creaciones del hombre. Difieren de un país a otro. Pero las imágenes mentales son universales. La imagen de un perro es la imagen de un perro, en Kentucky y en Kenia.

Las imágenes flotan entrando y saliendo de nuestras mentes sin ningún esfuerzo, durante todo el día. Y durante casi toda la noche. Los sueños son imágenes mentales.

La energía psicotrónica funciona a través de imágenes mentales. Usted puede dar una orden a su energía psicotrónica con las palabras «Quiero un nuevo Cadillac de oro macizo». Pero es probable que tenga que esperar mucho tiempo antes de conseguirlo. Si es que lo consigue.

Por otra parte, si utiliza la imagen mental de un Cadillac de oro en lugar de las palabras, y la utiliza al mismo tiempo que sus dedos en la forma especial que le voy a enseñar, ¡tenga preparado el garaje porque el Cadillac de oro ya está en camino!

La fabulosa mente tiene un vasto poder sin utilizar

«¿Y cómo puede mi mente, a la que ya le cuesta trabajo sumar y restar, producir un Cadillac de oro?», se preguntará usted.

Déjeme decirle *algo* acerca de esa mente suya. Está compuesta de neuronas que son algo así como componentes eléctricos en un aparato de radio o de televisión. Puede que haya un centenar de esos componentes en un televisor, pero ¿sabe usted cuántas neuronas hay en su cerebro?

El cerebro pesa tan solo 1.380 gramos —apenas el dos por ciento de su cuerpo—. Y sin embargo, contiene treinta mil millones de neuronas capaces de buscar una información y de almacenarla.

Cada neurona se compone de muchos átomos. A decir verdad, hay cien trillones de trillones de átomos en el cerebro; es decir, un uno con veintiséis ceros detrás.

No estamos acostumbrados a manejar números tan altos. Este supera incluso en muchas veces la deuda nacional y otras estadísticas astronómicas.

Traslademos esos cien trillones de trillones a algo más mensurable. Suponga que cada átomo es un perdigón BB, como los perdigones de las escopetas de aire comprimido. Ahora, si usted quisiera llenar un salón con perdigones, tendría que utilizar muchísimos. ¿Cien trillones de trillones? Ni mucho menos. Tendría que llenar el salón cada segundo durante noventa y cuatro millones de años para utilizar todos esos perdigones.

¿Inconcebible? ¡Ya lo creo! ¡Y sin embargo, hay quien se empeña en poner límites a la mente humana!

—Eso no se puede hacer.
Ya lo creo que sí. Y usted va a hacerlo.

Va usted a utilizar el poder psicotrónico para salvar vidas, para crear música, encontrar tesoros, devolver la salud, realizar tareas hercúleas, cambiar una opinión y ganar en el juego de la vida.

Puede elegir el camino del héroe, el camino del santo o el camino del sabio. Ese camino puede ser un sendero o una autopista de libre circulación. Aprenderá a:

- Fundir las nubes o crear lluvia.
- Ver en el interior del cuerpo de una persona y corregir lo que ve.
- Mandar a los animales, a los pájaros, a los insectos y ver cómo obedecen.
- Hacer cambiar a un juez y a un jurado cuando le asista la razón.
- Mejorar el aspecto de su cuerpo o el de otra persona: complexión, brillantez, porte.
- Multiplicar los contactos de negocios y aumentar la influencia de su firma.
- Hacer que los rivales se vuelvan partidarios.
- Hacer realidad las plegarias.
- Predecir las cotizaciones de bolsa.
- «Ver» a miles de kilómetros.

Y esto es solo el comienzo. Los diez puntos anteriores puede que nada signifiquen para usted. Su vida puede estar encauzada por otras actividades y tener necesidades distintas.

Cualesquiera que sean sus necesidades especiales, su poder psicotrónico está dispuesto a cubrirlas. ¿Está usted preparado para darle al botón?

2
Utilice su poder psicotrónico para hacer realidad sus deseos

Empiece a ver los efectos visibles de su energía psicotrónica haciendo que las plantas crezcan más deprisa. Armado con semejante confianza, es usted capaz de atraer al sexo opuesto con mandatos mentales y con movimientos psicotrónicos de la mano. Aprende a obtener información sobre una persona a partir de un objeto que le pertenece, y a detectar información a distancia si no puede obtenerla de otro modo. Por último, ve usted cómo cambiar circunstancias que no quiere que se den.

Pongámonos manos a la obra..., a la obra de controlar el poder psicotrónico a su antojo.

¿Hay alguien a quien usted quiere mucho y que le gustaría que le quisiera a usted más? Hará realidad ese deseo dentro de unos minutos, y no tendrá que moverse de la silla en la que está sentado.

Le voy a dar un procedimiento muy sencillo para empezar. Antes de andar tenemos que gatear. Este procedimiento, por simple que parezca, sigue siendo efectivo. Lo verá trabajar. Es probable que funcione dentro de veinticuatro horas, desde luego en menos de setenta y dos.

¿Cómo se conecta el poder psicotrónico? No hay conmutador, ni reostato, ni grifo. Pero hay algo parecido a esas tres cosas.

¿Puede usted imaginar una manzana roja y brillante? ¿Puede usted imaginarse mordiéndola y luego mirando el interior de la manzana donde dio el mordisco?

Si tuviera en la mente una manzana específica, y si poseyera un aparato electrónico parecido a un encefalógrafo conectado con la manzana en la forma debida, la manzana reaccionaría en el momento en que piensa en morderla.

Cleve Backster, que descubrió el sencillo aparato detector de mentiras —el polígrafo—, pudo registrar la reacción de las plantas al pensamiento humano, y también trabajó con huevos de gallina. Cada huevo de una docena estaba conectado a un polígrafo y a un contador distinto; todos los contadores reaccionarían a su decisión de tomarse un huevo de desayuno. Cuando abrió la nevera y fue a tomar el primer huevo, once contadores dejaron de agitarse y el correspondiente al huevo que tenía intención de coger se agitó aún más.

No debemos precipitarnos y concluir que el huevo sufría un ataque de nervios. A lo mejor le entusiasmaba el cumplir un alto destino: ser comido por el hombre.

Lo importante es que el huevo «sabía». El pensamiento que se le ocurrió a Backster, «Me comeré este huevo», fue transmitido.

Lo que usted piense dentro de un momento también será transmitido, pero de forma aún más potente.

El primer paso en la transmisión efectiva del poder psicotrónico

Un instructor está dando un cursillo encaminado a conseguir una mayor conciencia y percepción extrasensorial. Es el Silva Mind Control. Les han dicho a los estudiantes que se relajen y que visualicen a su perro, o a su gato, o al animalito del vecino. Trabajan con el animal haciéndolo surgir en su imaginación, dándole vueltas y observándolo desde varios puntos de vista.

Al día siguiente, cuando los estudiantes acuden a clase, discuten entre sí sobre cuánto más afectuosos estuvieron con ellos los animalitos la noche anterior.

La representación mental es el «grifo» que abre la energía psicotrónica.

Pruébelo usted mismo antes de utilizarlo con una persona. Si no tiene un perro o un gato, inténtelo con plantas. Esta es una de las maneras de hacerlo con habichuelas.

Plan de actuación

Remoje bien las judías por la noche. A la mañana siguiente, sepárelas y póngalas en dos vasos idénticos, uno a la izquierda, otro a la derecha. Écheles exactamente la misma cantidad de agua. Y ahora, durante varias veces al día, esté donde esté...

Visualice el vaso de la derecha. Envíe pensamientos de cariño y afecto a ese vaso de habichuelas. Ignore el recipiente de la izquierda. Mientras lo hace...

Imagine que le está echando más agua al vaso de la derecha. Utilice las manos para hacer los gestos de regar.

Vea la diferencia al cabo de dos o tres días. Las habichuelas de la derecha prosperarán con su energía psicotrónica, comparadas con las de la izquierda.

Nuestros padres y nuestros profesores nos han dicho que la imaginación es algo inútil. «Son imaginaciones tuyas.» Cuántas veces nos han dicho eso o lo hemos oído decir.

Bueno, tengo algo interesante que decirles. Los científicos se están dando cuenta ahora de que la imaginación es la clave para que se hagan las cosas. Si algo no se da primero en la imaginación de alguien, no podrá tomar cuerpo más tarde.

La imaginación es la «espita» que abre el poder psicotrónico. La utiliza el joyero cuando diseña una sortija nueva, «viéndola», bosquejándola, produciéndola.

La utiliza el arquitecto cuando proyecta una casa, «viéndola», bosquejándola, haciendo los planos; y luego convirtiéndola en dibujos, especificaciones, anteproyectos y haciéndola construir.

La utiliza el novelista para crear sus personajes. Los «ve», vive con ellos en su imaginación. Se crea el libro.

Cuanto mayor sea la realidad con que imagine más abierta estará la «espita» psicotrónica.

Cómo atraer a una persona a su lado

Si ha comprobado satisfactoriamente que su imaginación puede «contactar» con un animalito o hacer que las habichuelas crezcan con más rapidez, está usted por encima de las personas que se limitan a decir «quizá».

Lo que usted *sabe* es lo que trabaja para usted.

En Polonia, unos investigadores médicos estudiaron por qué cierta medicina era eficaz cuando la recetaban ciertos médicos, pero apenas si tenía efecto cuando la recetaban otros.

Se dieron cuenta de que las esperanzas de los médicos influían en los resultados. El doctor A aceptaba la nueva medicina, la recetaba, y estaba satisfecho de los resultados que producía. Continuó recetándola con éxito.

El doctor B se mostró escéptico cuando la utilizó por vez primera. No esperaba un resultado positivo cuando la recetó. Los resultados confirmaron sus dudas. Si volvió a recetarla fue a sabiendas de que quizá no hiciera nada. No lo hizo.

La conciencia afecta a la materia, incluso a la acción automática de un producto químico en el cuerpo.

Su conciencia va a afectar ahora a Otro cuerpo: el cuerpo de alguien a quien usted quiere atraer a su lado.

Si no piensa que es posible, tiene razón.

Si piensa que es posible, también tiene razón.

Más vale que se vaya preparando mentalmente para un resultado positivo. Examine cualquier duda que pueda tener. ¿Son las dudas más importantes que cualquier otra cosa? Entonces aférrese a ellas, y mantenga cerrada la espita de su poder psicotrónico.

Por el contrario, si tiene usted el sentimiento «visceral» de que la humanidad está ahora descubriendo más cosas sobre su conciencia, de que algo hay de cierto en los muchos ejemplos del poder del pensamiento positivo, del poder de hacer «milagros», y está convencido de que todos tenemos un mayor poder mental del que utilizamos, entonces usted es capaz de abrir la «espita» de su poder psicotrónico con su imaginación visual.

Arthur L. era muy tímido. No salió con chicas hasta mucho después que sus amigos. Al fin salió con una, pero le daba miedo volverla a llamar por si le decía que no. Sabía dónde trabajaba ella y pasaba una y otra vez por delante y miraba por si la veía. Me pidió que lo ayudara a arreglar un encuentro fortuito con poder psicotrónico. Se vio a sí mismo encontrándose con ella, dándole la mano, hablando con ella utilizando las manos. Admitió que se sentía nervioso al hablarle, incluso en su imaginación.

Dos días después nada había ocurrido. Entonces aparcó el coche y fue hacia la tienda para ver a la chica de pasada, cuando de pronto la vio avanzar hacia él. Lo cogió de sorpresa. Se quedó turbado. Todo lo que hizo fue balbucir un «hola» y seguir andando.

El poder psicotrónico le funcionó perfectamente, llevándolo precisamente a realizar lo que había pensado.

¿Recuerda la historia del hombre que quería cazar un ratón que había en su casa? Tenía una ratonera, pero no queso para la trampa. Así que recortó una estampa de queso de una revista. A la mañana siguiente había en la ratonera una estampa de un ratón.

Moraleja: Se recoge lo que se siembra. Arthur L. no ganó nada con el incidente, excepto la enseñanza de que tenía que hacer algo más grande y mejor. Volvió a imaginar la escena y se vio a sí mismo con la chica. Esta vez se aseguró bien de que se encontraba tranquilo y confiado en su representación mental. Volvió a encontrarse con ella. Resultó ser un encuentro mucho mejor. Se vio con otras muchas chicas. Cada encuentro resultaba mejor que el anterior.

Espere resultados y obtendrá resultados. Tenga imágenes visuales realistas y esas imágenes se harán realidad. Acepte su poder psicotrónico y disfrute de los «milagros» de ese poder.

Ahora ya sabe lo que quiero decir con: «¿Está usted preparado?». ¿Lo está? Entonces vamos allá.

Plan de actuación para atraer a una persona a su lado

Relájese para poder utilizar su imaginación en su sueño despierto. Cierre los ojos.

Vea a la persona a la que quiere atraer a su lado. Esa persona está haciendo algo típico: paseando, peinándose, trabajando.

Hable con esa persona, mentalmente. Vea a la persona levantar la vista y responder sonriendo. Siga hablando con ella durante un minuto aproximadamente. Empiece hablando de cualquier cosa, de la salud, del tiempo, y luego hable de ustedes dos. Dele énfasis a sus pensamientos de cariño (aunque sea su oponente o su enemigo). Hable de su respeto y alta estima a esa persona.

Utilice las manos de alguna manera, bien para reforzar su punto de vista, bien para tomar las manos de esa persona, bien para darle unos golpecitos, si eso puede mejorar sus relaciones.

Termine la sesión psicotrónica sintiéndola inconclusa, como si no hubiera habido más que una interrupción y la «conversación» fuera a proseguir. Abra los ojos.

Cómo contribuyen sus manos al poder de la energía psicotrónica

El encuentro que acaba usted de soñar despierto ha sido activado igual que los planos de una casa activan su construcción.

La representación mental es como la cámara de televisión captando una escena. Se transmite luego al espacio, donde encuentra televisores sintonizados con su longitud de onda. La imagen aparece entonces en la pantalla de esos televisores.

La persona de su «Plan de actuación» quizá no entienda por qué. Pero usted entra en sus pensamientos. Las palabras que usted ha pronunciado no habrán sido detectadas conscientemente, pero el sentimiento que se ocultaba tras esas palabras —un sentimiento cálido, de cariño— sí se habrá detectado conscientemente. La reacción que usted esperaba ya se habrá desencadenado.

A veces la otra persona no sintoniza con usted, pero ocurre la «coincidencia». Parece que actúa la casualidad. Tiene lugar el encuentro, como si hubiera una «mente» mayor que la de ambos que lo hubiera «arreglado».

Algún día sabremos a ciencia cierta cómo trabaja la energía psicotrónica. Mientras, solo podemos hacer conjeturas... y utilizarla con buen fin.

Roberta L. perdió un monedero. Pasaron varios días sin que pudiera encontrarlo. Me llamó y me preguntó cómo podría dar con él. Entonces siguió mis instrucciones. Se relajó, cerró los ojos y visualizó un reloj que marcaba las diez y un calendario con la fecha de aquel mismo día. «Esta noche, a la diez, sabré dónde está mi monedero.» Exactamente a las diez de aquella noche recibió una llamada telefónica de su novio: «He encontrado tu monedero en mi coche», le comunicó.

Al día siguiente me llamó y me contó lo ocurrido. «Aún no tengo el monedero», se lamentó. Le recordé entonces que el problema era localizarlo y que ahora ese problema ya estaba resuelto. «Ya sabe cómo resolver este nuevo problema.» Colgó. Luego me telefoneó al día siguiente. «Mentalmente le he dado a mi novio veinticuatro horas para que me lo devuelva —se lamentó—, y llegó una hora más tarde.» Esta vez colgué yo.

¿Están las neuronas de nuestro cerebro sintonizadas con las neuronas de otros cerebros y son capaces de recoger información y de transmitirla?; o bien, ¿es nuestro cerebro parte de una Inteligencia Universal mucho mayor? Quizá ninguna de las dos teorías sea totalmente exacta. Pero podemos trascender los límites de nuestro cráneo. Y no somos los únicos. Las plantas también. Los animales. Incluso las células sueltas.

Lo que tenemos que considerar, más que la teoría, es el modo de hacer que esa energía trabaje para nosotros de forma más amplia y mejor y bajo un más perfecto control.

Relájese. Visualice. ¿Qué más? Las manos son otra manera de inducir mayores y mejores beneficios y de hacerlo con un control más perfecto.

La fotografía Kirlian ha mostrado una poderosa energía irradiando de las yemas de los dedos. Esa energía se cruza solo tangencialmente con el plano físico. Utilícela para mover objetos a través de una mesa y tardará horas en causar un ligerísimo movimiento.

Pero esa energía actúa en un plano que es más importante que la energía física y que el trabajo físico. La propia energía de la vida, generada por la conciencia, es capaz de realizar un trabajo palpable en el plano de la conciencia.

Así, cuando usted utiliza las manos para dirigir la energía psicotrónica hacia la gente, está usted en su modalidad, en su reino, en su esfera de influencia.

Relájese, visualice y señale con la mano. Eso empieza a activar el poder psicotrónico para proporcionarle los beneficios que busca. ¿Señalar el qué? Señalar un mapa, un retrato, un objeto que pertenezca a la persona.

Ralph A. llevaba varios años cortejando a Lillian S. Era la muchacha de sus sueños. Ahora estaban a punto de casarse. Entonces, de pronto, ella le dejó por otro. Se quedó estupefacto. Sus sueños se convirtieron en pesadillas. Ella se había ido a mil millas de allí. Pero se dejó un echarpe. Él decidió utilizarlo de una manera especial, aplicando las leyes de la energía psicotrónica.

Mantuvo el echarpe entre las manos mientras se hallaba confortablemente relajado en una silla. Imaginó que la veía. Hizo como que le tendía el echarpe. Tendió las manos. Cuando ella lo tomaba, en su imaginación, él la atrajo suavemente hacia sí —mentalmente—. En menos de tres semanas volvió a él y poco después se casaron.

Las manos no son esenciales en la comunicación psicotrónica, pero la refuerzan. En otro capítulo, más adelante, hablaremos de las técnicas para que las manos manipulen nuestra energía psicotrónica. Mientras, mírese las manos. Han sido para usted una herramienta ingeniosa. Ninguna otra criatura humana cuenta con manos que trabajen de modo parecido. Le capacitan a usted para la vida civilizada. Ahora vea en sus manos otra capacidad o habilidad que le permitirá mejorar su nivel de vida aún más..., magnificando su poder psicotrónico.

Cómo ojos y dedos contribuyen al poder de la energía psicotrónica

Siempre se ha considerado no científica a la filosofía oriental. Pero aceptó mucho antes que la filosofía occidental la existencia de una íntima conexión entre el hombre y el universo en un sentido consciente. En el yoga se considera la mente del individuo como una extensión de la Mente Universal.

Se la considera como un retoño, algo así como las flores que da un árbol. Así es cómo el yogui se considera a sí mismo potencialmente capaz de mostrar todas las facultades de la Mente Universal, al ser parte de ella. Todo cuanto necesita es borrar la ilusión de separación de la Mente Universal y unirse más a ella. De ahí la palabra Yoga, que significa yunta o unión.

Entrenando su cuerpo y mente, el yogui (hombre) y la yoguini (mujer) puede serlo todo, conocerlo todo, hacerlo todo porque la mente yóguica activa toda la Mente Universal.

El yogui utiliza las manos, brazos, pies, ojos, la espina dorsal, la respiración y la mente para unirse a la Mente Universal. Los yoguis entrenados llegan a controlar su cuerpo y su mente de tal forma que pueden sentir conscientemente que constituyen un todo con la Mente Universal.

Vemos en las modernas aproximaciones occidentales a la aplicación del poder psicotrónico varias semejanzas con lo que el yoga lleva siglos pregonando: la relajación, la armonía y representación mental, la expansión de la propia imagen. Pero vemos asimismo importantes diferencias, y consideramos que esas diferencias constituyen un paso hacia delante.

En el Oeste el concepto de energía nos da una serie de puntos de referencia que encajan dentro de nuestra aproximación científica, una aproximación que nos ha llevado al punto en que ahora nos encontramos. Se ve que la energía se concentra en ojos y manos. Por eso utilizamos ojos y manos como «instrumentos» para convertir la energía psicotrónica en beneficios prácticos.

Quizá nos perdamos algo con dejar a un lado las disciplinas inherentes a los modos orientales. Quizá estemos «asaltando las puertas del cielo» y utilizando una energía para beneficios prácticos antes de haber purificado nuestras conciencias y haber alcanzado la prudencia y sabiduría necesarias para utilizarla convenientemente.

La energía atómica suscita también esa cuestión. ¿Estamos preparados para utilizar esa energía o somos como niños jugando con cerillas?

Otros «ingenieros» psicotrónicos y yo hemos discutido este aspecto del mismo modo que, supongo, hicieron los científicos que dominaron la energía del átomo. Personalmente, estoy convencido de que ha llegado la hora de que el hombre dé el siguiente paso. Todo se está acelerando. Aquellos que no aprendan a utilizar su poder psicotrónico para contribuir a su propio bienestar y al bienestar general de la humanidad quizá queden rezagados.

Usted ha observado a los generadores y a los cables crear y distribuir la energía eléctrica en silencio y fácilmente. Ha visto cómo los alambres llevan a su casa ese poder con todo silencio. Empiece a verse a sí mismo como a ese sistema. Vea su conciencia como un generador natural, de fácil funcionamiento, sus manos y ojos como silenciosos transmisores de esa energía.

Ha visto usted producirse milagros electrónicos. Espere a ver ahora milagros psicotrónicos.

Cómo obtener la respuesta que necesita

La primera Conferencia Internacional de Psicotrónica tuvo lugar en Praga en 1973. Los científicos allí reunidos compartieron sus descubrimientos sobre medición y utilización de la energía psicotrónica. Aparte de la fotografía Kirlian de esa energía, se presentaron gran cantidad de trabajos en el campo de la radiónica. Esto cubre la obtención de información por adivinación, por psicometría (sosteniendo un objeto) y por medio de un controvertido aparato que habían ideado varios científicos.

Una mujer que tenía uno de esos aparatos radiónicos, comúnmente llamado caja negra, podía obtener sin él la misma detección de información que ella afirmaba podía conseguir aquel aparato. Francis Farrelly recibió de un profesor de la Academia de Ciencias Checoslovaca un trozo de mineral con el encargo de identificar su origen y su edad.

Utilizó las manos y los ojos durante unos momentos, y luego afirmó que la roca procedía de un meteorito y que tenía 3,2 millones de años. Aquella era exactamente la opinión de los expertos checos que la habían analizado.

Pruebe este juego con sus amigos: haga pasar una bolsa de papel. Pídales que echen dentro una sortija, un reloj, un peine o cualquier pertenencia que nadie pueda ver. Vuelva después a pasar la bolsa. Haga que cada uno saque un objeto que no sea el suyo. En cuanto lo tengan en la mano, y sin que puedan examinarlo en busca de pistas, pídales que describan a la persona a quien pertenece describiendo sus sentimientos al tener entre las manos ese objeto.

Los resultados suelen ser sorprendentes. Las manos son sensores radiónicos del cuerpo y pueden obtener información. Esta información suele desdeñarse porque se piensa que no es de fiar, eso en el caso de que tengamos conciencia de ella.

Ahora sus amigos tienen conciencia de ella y ofrecerán comentarios como:

«Es una persona muy insegura».

«Una mujer muy enérgica».

«Una persona triste que ha sufrido alguna pérdida».

Los dueños de los objetos seguramente confirmarán la información. Si cualquiera puede hacer eso, ¿se imagina cuánto más podrá hacer usted sabiendo cómo?

Plan de actuación para obtener información de un objeto

Mantenga en la mano un objeto relacionado con la persona o proyecto sobre el que quiere información.
Rodéelo con los dedos de una mano al tiempo que mira intensamente su mano.
Pregúntele lo que desea saber. Hágalo mentalmente.
Cierre los ojos y espere la respuesta.
Tenga conciencia de cómo se siente, de lo que «ve» u «oye».
Acepte los pensamientos que vienen aparentemente de la nada.

Estas son las preguntas que puede usted hacer sobre una persona:

¿Dónde está ahora esa persona?
¿Qué está haciendo ahora esa persona?
¿Cómo se siente ahora esa persona?

O bien puede hacer estas preguntas sobre un proyecto o un negocio:

- ¿Es el momento adecuado?
- ¿Es el lugar adecuado?
- ¿Tendrá éxito?

El célebre psíquico Peter Hurkos ha logrado describir vívidas escenas de un crimen que había tenido lugar, con solo mantener un objeto relacionado con el asunto. Ha ayudado a la policía a resolver varios asesinatos.

Todo el mundo anda, lee, respira, come. Pero nadie mantiene en la mano un objeto para obtener información. Por eso pensamos que no puede hacerse. Pero sí es posible. Y quienes aceptan el hecho de que vale la pena intentarlo, son capaces de lograrlo.

Los adivinos lo hacen de una forma especial para obtener una información específica sobre la localización de agua. La vara o el palo acentúan simplemente el sentido radiónico de las manos (sustitutas).

Encontró para la policía el bolso robado

Recientemente se cometió un robo en Boulder Creek (California). El pistolero fue capturado por la policía tras una persecución a pie, pero por el camino había escondido el botín: un bolso con 2.500 dólares en efectivo. Tras una infructuosa búsqueda de cuatro horas por parte de la policía y de varios ciudadanos, alguien recordó que en la ciudad había un psíquico, Christopher Hills. ¿Por qué no recabar su ayuda?

El representante del juez en Santa Cruz accedió, viendo que nada se perdía con ello. Así actuó Hills: tomó su varita adivinatoria hecha de huesos de ballena macho y hembra; partiendo de un punto entre el lugar en que se había cometido el robo y el lugar en que se había capturado al ladrón, sostuvo las puntas separadas de la vara entre los dedos de cada mano y lentamente giró el cuerpo. La vara, en cierto punto, se resistió a seguir girando.

Hills partió en esa dirección. La vara parecía tirar de él. Era un terreno muy difícil, con vallas y matorrales, y a la policía y a los ciudadanos les costaba trabajo seguirle. Entonces se agachó junto a unas matas y se levantó con el bolso en la mano... Tiempo transcurrido: cinco minutos.

Conozco a Christopher Hills desde hace muchos años. Hemos escrito más de un libro juntos. Es pionero en el estudio de la energía que rodea a la materia y de la conductividad de la inteligencia a través del espacio. Lo que él puede hacer, otros pueden hacerlo, y enseña la filosofía y su aplicación práctica en su Universidad de los Árboles, en Boulder Creek.

Ahora usted está aprendiendo la filosofía y la utilización práctica de esa energía psicotrónica. Ya utilice una varita adivinatoria, un péndulo o cualquier otro artefacto, ya permita a sus manos y a su mente trabajar juntas sin más herramientas, no tiene importancia.

Usted *puede* obtener la información que busca.

Cómo sintonizar su detector de energía psicotrónica para obtener la información precisa

Cuando usted quiere comer, su mente le habla de comida. Está sintonizado con las fuentes de comida. Cuando desea hacer el amor, su mente le habla del sexo opuesto. Sintoniza usted con sus oportunidades.

Cuando desea información sobre un proyecto particular o sobre un problema, su mente le habla de ello. Sintoniza usted con lo que desea saber.

Thomas Edison fue un gran inventor porque sabía esto, se daba cuenta de la información —o, si lo prefiere, de los *flashes* intuitivos— que iba a obtener y tenía confianza en ella.

George Washington Carver confiaba en sus «conversaciones» con las plantas de cacahuete y obtenía buenos resultados con su utilización. El botánico Luther Burbank tenía una afinidad semejante con los árboles frutales y estos lo guiaban a la hora de crear nuevos frutos híbridos.

¿Hay alguna información que desee usted obtener ahora? ¿Considera que tiene derecho a saberla y que le va a ayudar sin perjudicar a los demás?

¿Confía usted en la capacidad de la mente del hombre para percibir intuitivamente más allá de los límites de la vista, del sonido, etc.?

¿Puede usted concebir una persona o cosa relacionada con esa información, como si usted estuviera allí?

Si ha contestado «sí» a las cuatro preguntas, está en condiciones de realizar una proeza en la adquisición de una información que dejaría atónito a Sherlock Holmes.

Probablemente el menos firme de sus «síes» haya sido el tercero. Nos han enseñado a confiar solo en nuestra información sensorial. Confiamos en lo que vemos, oímos, tocamos, olemos y gustamos.

Cuando José Silva, fundador del Silva Mind Control, empezó a enseñar a sus propios hijos según la enseñanza llamada subjetiva, los examinó y comprobó que ofrecían la información o respuesta antes de que él pudiera hacer la pregunta.

«¿Por qué has contestado a esa pregunta?», dijo.

«Adiviné que eso era lo que querías saber», fue la respuesta.

Yo también he entrenado a niños en esa habilidad y he visto que están más dispuestos a aceptar la función psíquica que los adultos. Una niña de ocho años ni siquiera tenía que relajarse y cerrar los ojos, como le voy a pedir a usted que haga dentro de unos minutos. Daba sin más respuestas acertadas sobre personas a las que no conocía, una y otra vez, limitándose a «suponer».

Los niños tienen menos entrenamiento en el «no se puede» que los adultos. Cuanto mayores nos hacemos más nos alejamos de lo natural, de la percepción intuitiva de que todos estamos dotados. Los ejecutivos corporativos, acostumbrados a confiar en presentimientos, son personas de más éxito que quienes ignoran la queda y suave vocecilla de la intuición y se fían solo de las estadísticas.

Dentro de un momento va a tener usted un «presentimiento». No aparecerá en su conciencia de modo distinto a los demás pensamientos. Espere a que llegue y tenga confianza en que será seguro.

Decida qué información necesita obtener, y ya puede empezar.

Siete simples pasos para adquirir información a varios kilómetros de distancia

Plan de actuación para obtener información a distancia

Siéntese en una silla cómoda. Cierre los ojos. Aspire profundamente, y relájese.

Vuelva los ojos ligeramente hacia arriba, como si estuviera pensando.
Formule mentalmente la pregunta que desee.
Visualice la escena en cuestión.
Utilice las manos para dar énfasis a su pregunta. Haga como si psicometrizara un libro, un disco u otro objeto, si de eso se trata, o haga como que gesticula si se trata de una persona.
Deje de visualizar la escena.
Adivine la información que necesita: acepte las preguntas que le vengan.

Mejorará con la práctica. Empiece con proyectos que no sean de importancia vital. Conforme vaya comprobando que su información es segura, pase a información más crítica.

He aquí algunos ejemplos de la clase de información que puede adquirir. Estos ejemplos están colocados por orden de importancia creciente. Empiece usted con los temas más triviales que encabezan la lista, y vaya avanzando conforme su «sintonía» psicotrónica vaya demostrando su exactitud.

- ¿Ponen aún esa película en el cine de aquí al lado?
- ¿Han puesto ya este programa en la televisión y lo he visto antes?
- ¿Llegará _____ a la hora?
- ¿Qué tiempo hará mañana?
- ¿Qué piensa de mí _____?
- ¿Qué nota me han puesto en este examen?
- ¿Qué nota ha sacado _____ en su examen?
- ¿Qué compañía necesita mis servicios?
- ¿Quién es el responsable de _____?
- ¿Cuándo me van a enviar ese cheque?
- ¿Con quién está en estos momentos tal persona?
- ¿Venderé o compraré?

- ¿Qué es lo que más ilusión le hace a _____?
- ¿Adónde iría yo para _____?
- ¿De qué rival tendré que guardarme?
- ¿Qué hay en esta carta, documento o informe?

**La energía psicotrónica fluye en ambos sentidos...
No solo se puede detectar, sino también corregir**

George D. quería dividir su propiedad. Las autoridades le habían dicho que no podía hacerse. Era necesario preservar la tierra de labor en aquella zona y se temía que esta nueva división diera lugar a la parcelación y se dejara de cultivar la tierra.

Un año antes, George se había visto a sí mismo peleando con las autoridades. Se preocupó hasta ponerse enfermo y luego, durante el proceso, utilizó toda la energía de su conciencia para representarse el desenlace que tanto temía. Pero ahora, conociendo el poder de su energía psicotrónica, George trazó una línea en donde quería que se hiciera la subdivisión, como aparecía en el proyecto que había presentado junto con la solicitud de división.

Día tras día sostenía el papel en la mano y repasaba la raya marcándola cada vez más. Cerró los ojos y vio a los oficiales mirando el proyecto. «Habló» con ellos de su necesidad y de sus razones.

A las pocas semanas los oficiales reconsideraron su decisión y aprobaron su petición.

La necesidad y sensatez, el rechazo de cualquier pensamiento de fracaso, son las claves que permitieron a la energía psicotrónica de George trabajar rápidamente y con éxito. En lugar de crear el problema, creó la solución.

Es como si una inteligencia más amplia interviniera y mediara. No se trata de que la persona sea apropiada, sino de que lo que se persigue sea apropiado. La inteligencia más amplia necesita no obstante su consentimiento y su cooperación.

Su poder psicotrónico puede corregir una injusticia que se cometa contra usted o contra otra persona con más facilidad y eficacia de la que pueda darse para crear una injusticia. Para hacer el mal con el poder psicotrónico hay que empujar el carro cuesta arriba y nunca se sabe lo que sucederá cuando se deje de empujar y haya que enmendar el mal. El poder psicotrónico actúa en ambos sentidos.

Evelyn L. era una destacada agente inmobiliaria en su área rural. La gente tenía muy en cuenta sus consejos. Ahora tenía problemas. Los tribunales habían aceptado una enmienda de un contrato de venta que especificaba que solo podían construirse casas nuevas. El comprador quería amueblar una casa de segunda mano que había a algo más de un kilómetro de distancia.

«¿Qué les voy a decir a los demás compradores? Han contratado a arquitectos. Sus nuevas casas se verán afectadas con esta casa vieja.» Estaba a punto de echarse a llorar. Le di unas instrucciones. Se había estado despertando todas las noches viendo aquella casucha en medio de la propiedad y atormentándose. Ahora, cuando se despertaba y «veía» la casucha, utilizaba las manos para tacharla con una «X» y luego veía una casa nueva muy bonita.

Una noche, cuando se despertó, oyó ruido procedente del otro lado de la calle, en donde estaba la propiedad. Oyó sonar un motor y gritar a unos hombres. Se levantó a ver. Habían llegado los de la mudanza a la casa de segunda mano y estaban descargando todo aquello. De pronto crujió todo. La casa se había derrumbado.

Se volvió a la cama a dormir.

Pocos meses después, una casa nueva y arreglada se erigía en aquella parcela.

Evelyn no utilizó su poder psicotrónico para destruir la casa de segunda mano. Se había limitado a «ver» la situación tal y como debería ser.

Previamente, había estado «viendo» el problema. Ahora, en cambio, «vio» la solución. Si no se hubiera ocupado de dejar de atormentarse por la casucha y de «ver» el problema, su energía psicotrónica hubiera colaborado a crear la condición no deseada.

Cuando utilizó las manos para tachar con una «X» la casucha, no estaba determinando en qué forma había de corregirse el problema. Eso se lo dejó a la inteligencia a través de la cual parece trabajar nuestra energía psicotrónica.

La mente, los ojos y las manos son cuanto necesitamos para obrar esos «milagros». Con ellos corregiremos injusticias, evitaremos circunstancias adversas, mejoraremos situaciones. Detectamos la información y luego utilizamos esa información para crear una vida mejor para nosotros y los nuestros.

3
Conecte con el generador psicotrónico cósmico para lograr un poder ilimitado sobre los demás

En este capítulo aprenderá a ampliar su energía psicotrónica varias veces para conseguir un poder ilimitado. Podrá hacer que alguien piense como usted sin decir una palabra. Podrá fundir las nubes. El mundo es suyo. Lo tiene en la palma de la mano. Conforme se vaya fijando metas, deles prioridad y alcáncelas una tras otra.

Tiene usted energía psicotrónica. Es su energía de vida: la energía de su conciencia.

Cuando usted borra su conciencia o retrae su vitalidad, disminuye su energía psicotrónica.

Las fotografías de laboratorio de esa energía demuestran que las personas enfermizas tienen «auras» menos intensas y que su energía no irradia a la misma distancia de su cuerpo que en las personas saludables.

La enfermedad tanto física como mental afecta al «aura» irradiada. Cambia su color y cambia su intensidad.

Cuando un sanador espiritual utiliza la imposición de manos para ayudar a otra persona, la fotografía Kirlian demuestra que las manos del curandero pierden algo de su energía psicotrónica y que la persona ayudada gana esta energía.

Tenemos que mantener a nuestro cuerpo bien nutrido de alimentos «vivos». Eso significa alimentos naturales no desprovistos de sus minerales y vitaminas. Tenemos que comer pan integral de trigo, y no blanco; arroz con cáscara, no blanco; productos frescos en lugar de envasados o enlatados, y algunas frutas y ensaladas crudas todos los días.

Tenemos que mantener nuestro cuerpo limpio, con ejercicios y descansos. Tenemos que mantenerlo lo más libre posible de humo, alcohol, estimulantes, medicinas —incluidas las aspirinas y las píldoras para dormir.

Tenemos que mantener nuestra mente libre de pensamientos y actitudes negativas que tienen el mismo efecto que las sustancias contaminantes en nuestro cuerpo. Tenemos que resolver las diferencias y no permitir que estas se conviertan en resentimiento o en hostilidad. Tenemos que observar nuestras reacciones y evitar la mentira y el engaño.

Con la sólida base de un cuerpo y una mente sanos, nuestra energía psicotrónica se genera en cantidades poderosas..., lo suficientemente poderosas para guiarnos a través de las situaciones cotidianas, saliendo victoriosos y satisfechos.

Es como si tuviéramos un generador psicotrónico que trabaja mejor cuando mantenemos todas sus partes en buenas condiciones, limpias y bien engrasadas.

Pero al igual que tenemos una mente que ocasionalmente parece presentar las características de formar parte de algo mayor —como una Mente Universal o Inteligencia Infinita—, así nuestro generador psicotrónico privado parece estar conectado con algo mucho mayor que él.

Llamemos a esa fuente mayor de poder un Generador Psicotrónico Cósmico, pues así es como efectivamente se comporta.

Por qué al conectar su generador psicotrónico con el generador psicotrónico cósmico se crea un poder ilimitado

Conforme los científicos empiezan a comprender la conciencia, la ven como una fuerza creativa en el universo..., y también como la fuerza destructiva en el universo.

Cuando ahondan en sus características energéticas, empiezan a verla como las leyes creativas del universo a las que al mismo tiempo obedecen.

Es como si aquello que está tras la creación del universo —sea lo que sea— siguiera trabajando parcialmente a través de la mente del hombre.

Hace unos años, al aceptar el Premio Nobel por su descubrimiento de una partícula subatómica, un físico comentó públicamente: «Me pregunto si esa partícula estaba ahí antes de que yo empezase a buscarla».

El hombre es ciertamente consciente del hecho de que está creando parte del universo. De lo que no se da cuenta es de que su mente se halla relacionada con la fuerza creativa que está tras el universo en sí.

Cosas extrañas ocurren cuando se da cuenta de esa relación. Empieza a desplegar habilidades divinas. Es capaz de afectar a la materia, de avanzar o de retroceder en el tiempo, de saltar cualquier distancia con el pensamiento... y de controlar a la gente.

La mayoría de las religiones separan al hombre, como creador, del Creador Universal. El hombre no es Dios. Cuando Sai Baba le dijo al joven: «Sí, soy Dios, y tú también lo eres, la diferencia está en que yo lo sé», estaba diciendo realmente que él se hallaba dentro de Dios y que Dios se hallaba dentro de él. No trataba de dar la impresión de que era Dios que había bajado a visitar la tierra. Estaba diciendo: «Lo que yo puedo hacer, tú lo puedes hacer, con tal de que tomes conciencia de toda tu capacidad».

«Conectar» es adquirir esa conciencia. Si ahora se siente usted confortado por estas dos páginas, está empezando a «conectar». Por otra parte, si conceptos que le hayan enseñado anteriormente en casa, la escuela religiosa o el instituto interfieren con un concepto ilimitado de sí mismo, necesita estudiar alguna de las realizaciones que está logrando la ciencia en el campo de la conciencia.

La ciencia está descubriendo que el hombre posee capacidades divinas. Está trabajando en laboratorio con esas capacidades. Está viendo que cuando el hombre hace dos cosas con su mente, se da algún cambio fantástico. Esas dos cosas son:

1. Relajar el cuerpo y sosegar los pensamientos.
2. Tomar conciencia de que forma parte del Universo.

Algunos dirán que estos dos pasos son la base de la meditación. Pero no se detenga en las palabras. Dios. Meditación. Religión. Oración. La ciencia está creando términos nuevos para aquello que hasta ahora era de exclusivo dominio religioso.

¿Intrusión? ¿Nunca se encontrarán los dos? A eso me refería cuando decía que el hombre se separa de Dios. La elección es totalmente personal. Se puede ver a Dios dentro de sí mismo... o no.

Florence G. lo vio. Era una esposa según la ley a los diecisiete años, y madre por dos veces a los diecinueve. A los veinte dejó a sus dos hijos con su madre en Connecticut y se puso a recorrer el país. Años más tarde, en la costa oeste, era una especie de vagabunda, iba de vez en cuando vendiendo de puerta en puerta, tenía algún marido ocasional y tuvo dos hijos.

Se encontró con otra mujer joven que la inició en el yoga, en la meditación, en la astrología y en el funcionamiento psíquico. Se presentó en mis clases con la conciencia ya en expansión. Dos años después estaba felizmente casada, era una experta profesora de yoga, artista comercial e instructora de baile. Aparecía en la televisión y tenía todo cuanto había deseado en la vida, incluida una intensa relación con sus dos hijos adolescentes de Connecticut.

Florence se da cuenta de lo que está haciendo. Se da cuenta de que tiene el don de crear su propia vida. Ella decide, se representa realizada. Las personas con las que ahora se relaciona la ven muy distinta de la que fue en sus días vagabundos. La respetan, van en busca de sus consejos y está rodeada de amigos.

Llámelo como quiera, pero cuando usted se relaja y vuelve su conciencia hacia el universo del que forma parte, «conecta» con sus poderes divinos.

Cómo «conectar» en dos minutos

Su generador psicotrónico está naturalmente «conectado» al Generador Psicotrónico Cósmico. Somos libres de desconectarnos, y muchos de nosotros así lo han hecho. Nuestro estómago necesita que lo alimenten. Nuestro cuerpo necesita que lo amparen.

He aquí a una mujer que tomó el camino del «yo primero». Cuando tenía cierta edad, se dio cuenta de que la vida estaba pasando a su lado, aunque tenía una familia y todas las comodidades que pudiera desear, pero le faltaba algo. Decidió abandonar todo lo que la separaba de la gente, incluidos su nombre e identidad. Dejó todas sus pertenencias, se llamó a sí misma Peregrina de la Paz y decidió dedicarse a la unidad de toda la humanidad.

Hoy ha recorrido varias decenas de miles de kilómetros con su túnica, y por todo equipaje un cepillo de dientes y un peine, sin ningún dinero. Allí donde vaya lleva consigo la alegría y la felicidad. La arrestaron por vagabunda en Washington, D.C., y la metieron en la cárcel. Cuando fueron a sacarla por la mañana todos los presos estaban cantando y no querían dejarla marchar. Hoy es una persona feliz que nunca carece de comida ni de amigos, ni de un lugar cómodo donde dormir vaya donde vaya.

Esto no quiere decir que haya que echar por la borda todo lo que se tiene, empezar una nueva vida para poder «conectar».
Pero sí hay que prescindir de algo: de dos minutos.
¿Está usted dispuesto a cambiar esos dos minutos por todo lo que los científicos están descubriendo que producen?

- Energía extra para todo el día.
- Alivio de la ansiedad, de las preocupaciones, de la depresión.
- Carácter más extrovertido, personalidad atractiva.
- Mejor percepción.
- Paz de espíritu.
- Presión sanguínea más baja.
- Menos necesidad de estimulantes o de tranquilizantes.
- Menos dolores de cabeza, o ninguno.
- Menos excesos en las comidas.

Lo que los científicos no están aún dispuestos a reconocer son los cambios difíciles de medir, aunque más dramáticos:

- Control sobre los demás.
- Control de la salud.
- Control de la riqueza.
- Control sobre el destino.

El precio que cuesta: dos minutos. ¿Está usted dispuesto a pagarlo? Entonces está listo para empezar.

Plan de actuación para conectar el generador
psicotrónico con el generador psicotrónico cósmico

Cierre los ojos y vuélvalos ligeramente hacia arriba.

Cree una habitación en su imaginación. Paredes, techo, suelo, ventanas. Píntela de los colores que quiera, decórela, alfombras, muebles...

Instale una gran claraboya en la habitación. Coloque una silla debajo de esa claraboya. Esa silla la utilizará cada vez que entre en la habitación. Está bañada por la luz del cielo.

Siéntese ahora mentalmente en esa silla. Sienta la luz sobre usted como un halo dorado.

Comprenda esa luz universal como algo que le da la mano a su propia luz interna.

Manténgase así durante aproximadamente un minuto, sintiendo amor por el universo, consciente de su grandeza y de su inteligencia y de que su ser forma parte de él.

Decida volver a disfrutar de ese minuto muy pronto.

Abra los ojos.

Hoy día se utilizan muchas técnicas para enseñar a la gente a dar ese paso hacia delante en la conciencia, paso por el que la ciencia siente un renovado interés. La técnica de crear una «habitación» especial en la conciencia puede verse un día sustituida por algún otro medio más afectivo; pero, mientras, este sirve. Obra maravillas y lo han utilizado el Inner Peace Movement, el Silva Mind Control, el Mind Dynamics y otros sistemas de entrenamiento.

Más importante que la técnica es la intención.

Defina su intención y dele al interruptor

Arthur M. Young, inventor del primer helicóptero comercial y permitido, se interesa desde hace tiempo por el estudio científico de la conciencia como ingrediente básico del universo. Ha observado distintos métodos utilizados por los psíquicos, como «la caja negra» mencionada en el capítulo anterior, Concluyó que semejantes métodos se limitaban a ayudar a la conciencia a sintonizar o a concentrarse.

La intención, afirma Young, es la clave. El deseo de diagnosticar una enfermedad permite a la mente sintonizar con la condición de un paciente. Los métodos son simplemente un catalizador del proceso mental.

José Silva, fundador del Silva Mind Control, está de acuerdo con esa afirmación. Dice que el deseo de conocer la respuesta a un problema crea una resonancia con ese problema y con todo lo referente al mismo.

Su intención en este preciso instante está ya sintonizando su mente. Pero de qué sirve un aparato de radio sintonizado en una emisora si no está enchufado ni encendido.

Vuelva a la habitación que acaba de crear. Enchúfese y enciéndase de forma que su generador psicotrónico, reforzado por el Generador Psíquico Cósmico, pueda empezar a trabajar para usted.

Siéntese bajo la claraboya en su imaginación cada vez que vaya a su habitación especial. Oliver Wendell Holmes definió una vez el pensamiento inspirado como perteneciente no a los intelectos de un solo piso, o de dos pisos, sino a los intelectos de tres pisos con tragaluces.

Los intelectuales de un piso, dice, son meros recolectores de hechos. ¿Es eso lo que usted quiere ser?

Los intelectuales de dos pisos, dice, utilizan los hechos recogidos por los recolectores de hechos y añaden su propia lógica y razón. Esto ya es mejor; pero usted puede ser mucho más.

Puede ser un hombre de tres pisos con claraboya. Estos hombres, dice, imaginan, idealizan y predicen. Son hombres iluminados..., dice, iluminados por la luz del cielo.

Utilización del «propósito» para cerrar los circuitos del poder

El proceso de conectar con la energía psicotrónica a nivel cósmico y darle el volumen que se desee es el proceso más fácil de cuantos imaginarse pueda. No hay medios sofisticados, ni andaduras difíciles, ni instrucciones complicadas que seguir.

Solo se requiere el propósito.

Esto significa que queriendo que suceda... sucederá. Esta es la lección que se oculta tras las leyendas y cuentos de hadas que han sobrevivido a través de los siglos. La razón de esa supervivencia es que la gente los acepta de modo subliminal. La mente sabe lo que es la mente y lo que esta puede hacer. Ese conocimiento quizá no sea consciente, pero, sin embargo, está ahí.

Ahora se enfrenta usted con un minuto crítico de su vida. Si está dispuesto a asumir más control sobre su vida —su éxito, su salud, su influencia sobre los demás—, necesita afirmarse a sí mismo que ese es realmente su propósito.

Haga esa afirmación en su habitación especial.

Plan de actuación para activar su poder psicotrónico a través de la intencionalidad

Vaya de nuevo a su «habitación especial» cerrando los ojos e imaginándose en ella.

Pase revista a los muebles, al color y a otros aspectos familiares de la sala.

Siéntese en la silla especial, sintiendo nuevamente el cálido abrazo de la luz universal.

Afirme mentalmente su intención de adquirir un mayor control sobre su vida.

Pida ayuda a la luz que le rodea.

Termine su actuación sabiendo que está hecho..., que ahora controla usted su vida.
Abra los ojos.

Si estuviera usted conectado a un electroencefalógrafo que mide las ondas cerebrales, vería que se ha producido un cambio en las emisiones de su cerebro. Tras la actuación antes descrita, su cerebro se vuelve más resonante a factores que son importantes para su supervivencia y éxito.

Esos cambios son muy sutiles, pero los expertos pueden leerlos en el material producido por el aparato electrónico de *biofeedback*.

Las mediciones de ondas cerebrales pueden hacerse ahora a distancia. Mi alma máter, el Institute of Technology de Massachusetts, está realizando el trabajo más avanzado en este campo, pero científicos de muchas universidades trabajan en ello.

Se están utilizando ordenadores para relacionar ciertos gráficos de ondas cerebrales con ciertos pensamientos. En efecto, este equipamiento podrá leer los pensamientos de una persona a cierta distancia. Se ha dicho que el Pentágono apoya el proyecto, financiándolo. Una de sus agencias, The Advanced Research Proyects Agency (ARPA), parece ser que se ha encargado del proyecto, que podría ser utilizado en asuntos diplomáticos y para la defensa. Esto crea algunas terribles posibilidades de un robot controlando nuestros pensamientos, otra razón más para que usted se convierta en experto en utilización del poder psicotrónico para protegerse, aumentar su control sobre los demás y así controlar su propio destino.

Cómo evitar los «atascos» en sus señales psicotrónicas

¿Le gustaría que una persona acudiera a su lado con solo tener que levantar un dedo? Esa persona podría estar mirando hacia otro lado, o incluso estar a kilómetros de distancia, y, sin embargo, su poder psicotrónico será la causa del inevitable resultado. La persona acudirá.

Durante todos estos años, usted no sabía que era posible. De hecho, sabía que era imposible. Ese conocimiento debe ser alterado. Actúa como una fuerza estática que bloquea y atasca la sintonía para conseguir el propósito.

La mente es la fuente del poder psicotrónico. Todas las creencias, esperanzas y deseos son como teclas de la mente. Una radio no puede sintonizar con una emisora si todas las teclas no están en la posición adecuada.

Lo mismo puede decirse de la mente. Cada tecla tiene que estar en su sitio.

Si usted hace intervenir dudas, o ansiedad, o temor, no funcionará.

«No tenemos nada que temer sino al propio temor en sí», dijo Franklin D. Roosevelt a principios de los años 30. Estaba hablando del miedo a no tener dinero o trabajo en la Depresión. Pero el temor atrae precisamente aquello que usted no quiere que ocurra.

La duda acarrea resultados dudosos.

La esperanza y la fe atrae aquello que se espera y en lo que se cree. Por eso, sin duda, no está sintonizado. Su duda está «atascando» sus señales psicotrónicas.

Para establecer la certeza en lugar de la duda, tiene que ver cómo otra persona siente sus señales psicotrónicas. Esto significa que tiene que empezar con cosas sencillas primero, y luego avanzar hacia cosas más arduas.

Proyectos fáciles son:

- Hacer que alguien piense como usted al día siguiente.
- Hacer que un niño deje de hacerse pis en la cama.
- Hacer que le diga una palabra cariñosa alguien que nunca se la ha dicho.

Proyectos más difíciles son:

- Lograr que alguien le haga un regalo.
- Hacer que alguien se traslade.
- Hacer que alguien le ofrezca su ayuda.

En este capítulo nos ocuparemos de los proyectos fáciles. Los más difíciles tipos de control sobre los demás se verán facilitados en los capítulos siguientes.

Empiece con estos ejercicios sencillos:

1. Mire a una persona que se encuentre delante de usted en un ascensor, o esperando en la cola de una entidad bancaria o del cine. Quédese mirando su nuca, justo donde termina la línea del pelo. La persona hará algo para demostrarle que ha sentido la energía de su «mirada». Se revolverá (incómoda), se rascará el cabello, o se volverá a mirarlo.
2. Quédese mirando a su perro, su pájaro o cualquier animalito. Verá el rabo del perro dejar de moverse y hasta colgar indicando miedo. Verá cómo el gato se va sigilosamente. El pájaro tendrá alguna reacción nerviosa.
3. Cuando esté con un grupo de personas, jueguen a este juego, PES. Alguien se presta voluntario para salir de la habitación. Los demás se ponen de acuerdo sobre un objeto que la persona que se ha marchado tendrá que adivinar. En cuanto decidan sobre el objeto, hagan volver a la persona. Ténganle la mano. Sin mirar en la dirección del objeto, usted y los demás visualícenlo mientras la persona va delante de ustedes hacia donde se siente impelida. Es muy probable que vaya derecha al objeto.

Cuando empiece a tener confirmación a través de uno o más de estos ejercicios, su creencia y esperanza funcionarán adecuadamente. No bloqueará sus señales psicotrónicas. Podrá manejar esas señales bien centradas y con la fuerza necesaria para afectar a otra persona.

Ya está listo para ejercer control sobre la gente de forma moderada.

Cómo hacer que los demás vean las cosas como usted

Kay V. tenía una granja arrendada. Un granjero vecino y su mujer estaban constantemente molestando a los granjeros de Kay: tres jóvenes.

Un día encontraron muerto a un caballo. La causa no era aparente. Una semana después apareció muerta una vaca, también sin que fuera evidente la causa de la muerte. Cuando apareció muerto dos semanas después un tercer animal (otro caballo), Kay sospechó que los vecinos le estaban envenenando los animales.

No había forma de demostrarlo, pero había algo que podía hacer. Hizo un dibujo burdo del hombre y la mujer. Le puso gafas al hombre porque el vecino las llevaba. Escribió su nombre debajo del dibujo. Hizo lo mismo con la mujer.

Con los dibujos en la mano se sentó en una silla, se relajó, cerró los ojos e imaginó que estaba hablando con sus vecinos.

«Si están ustedes haciendo eso, están matando inútilmente a mis animales. Nunca les he hecho daño alguno. ¿Por qué tienen ustedes que hacérmelo a mí? ¿Saben que les puedo enviar energía de odio a sus cosechas y fastidiar su crecimiento? Pero no lo haré. Tenemos que vivir juntos en armonía y comprensión. Su propio odio está perjudicándoles a ustedes y a sus cosechas. ¿Qué les parece? Dejemos el odio y vivamos en paz y armonía.»

De vez en cuando abría los ojos y señalaba el dibujo del vecino o de su mujer con el dedo para dar más énfasis a un punto.

Lo repitió tres o cuatro veces en otros tantos días. Cesaron las muertes. Pocas semanas después, el granjero vecino prestó a sus arrendatarios una de sus máquinas para ayudarles en unos trabajos que habían emprendido.

He aquí un plan de actuación para que otras personas vean las cosas como usted.

Plan de actuación para poner de su parte a una persona

Obtenga un retrato de esa persona o un objeto que le pertenezca. Si no lo consigue, haga un sencillo dibujo de un hombre, una mujer o un niño y ponga debajo el nombre de la persona, su edad, su sexo y sus señas. A esto le llamaremos «conexión».

Siéntese en una silla con la conexión en la mano. Cierre los ojos, relájese y vaya a su habitación especial imaginándose que está allí. Mire ligeramente hacia arriba y represéntese a esa persona.

Presente su caso mentalmente a esa persona como si estuviera hablando a un juez. Haga su presentación de forma lógica, convincente, razonable, pero con el pensamiento, no con palabras.

Apele al propio interés de esa persona, mostrando cómo al ponerse ella de su parte beneficia a sus intereses.

Utilice la conexión de vez en cuando manteniéndola ligeramente por encima de la horizontal, abriendo los ojos, mirándola fija y seriamente como si fuera una persona, y señalándola con el dedo para dar mayor énfasis.

Termine su conversación psicotrónica con pensamientos de amistad, comprensión y relación afectuosa.

No hay vudú ni magia negra en este plan de actuación. Trabaja con energía psicotrónica en lugar de energía sonora. La energía sonora se percibe con los oídos. La energía psicotrónica se percibe con la conciencia.

Dado que la energía psicotrónica es energía de conciencia, tiene que utilizar su conciencia, no su boca, para comunicar.
Con frecuencia es un modo mucho más eficaz.

Haga resonar cada célula de su cuerpo para que cumpla su voluntad

Cada célula de su cuerpo tiene conciencia. Esa conciencia se va a ver afectada de un momento a otro por su conciencia. Cada célula tiene su propia meta: cumplir con su cometido —ya sea una célula del pelo, del cutis o del hígado.

Cada célula haría su trabajo perfectamente si no fuera por los aspectos no tan perfectos de nuestra propia conciencia.

Debido a que creamos un clima de miedo, tensión, ansiedad o resentimiento, las células de nuestro pelo no están sanas y entonces puede caerse el pelo, o se nos estropea la cara, o nuestro hígado funciona mal.

En el próximo capítulo aprenderemos a mejorar el ambiente con el poder psicotrónico para perfeccionar la salud. Mientras, sin embargo, para permitirle a nuestro poder psicotrónico trabajar al máximo a cualquier nivel de salud que esté usted ahora, necesita entrar en contacto con las células de su cuerpo y conseguir su apoyo.

En una competición de esquí Jean Claude Killy, ganador de tres medallas de oro olímpicas, no pudo practicar antes de la prueba por estar convaleciente de una lesión. En lugar de eso se relajó en su habitación y practicó mentalmente. Hizo como si esquiara ladera abajo haciendo perfectamente cada giro. Aquella resultó ser una de sus mejores carreras.

Otro concursante olímpico de esgrima, Neil Glenesk, se sienta solo, con los ojos cerrados, visualizando a su oponente y desarrollando un sentimiento de odio y de agresión frente a su rival. Eso le predispone psicológicamente para un combate de esgrima.

Richard M. Suinn, un psicólogo que trabaja con los atletas olímpicos norteamericanos, los lleva a una relajación profunda y a una imaginería de gran calidad para hacerles «sentir» sus músculos en acción. Un electromiógrafo nos permite ver a los músculos reaccionar cuando el esquiador relajado imagina saltar los baches en la carrera.

Inconscientemente se «habla» constantemente con las células del cuerpo. La falta de confianza les llega perfectamente. La tensión también. Y el miedo.

¿Ha sentido usted alguna vez un escalofrío si tenía miedo? ¿O quizá un estremecimiento que le recorría la espalda, o carne de gallina, o que se le erizaba el pelo? Hace un millón de años, cuando el hombre estaba asustado ante un posible enemigo, parecía más grande de lo que era al erizársele el pelo. A menudo lo ayudaba a sobrevivir. Y de ese modo pasó de generación en generación en la supervivencia de la actitud más adecuada y permanece hoy como un vestigio de los días de las cavernas.

Se puede comunicar para bien con las células del cuerpo con la misma facilidad con que se puede comunicar para mal. Su mente puede estar absorta en preocupaciones y causar úlceras; absorta en tensiones de negocios y causar una enfermedad del corazón. También su mente puede absorber la paz de la naturaleza y rejuvenecer su sistema de digestión; estar ocupada en deleite tranquilo y curar su corazón.

La elección es suya.

¿Está usted dispuesto a elegir cinco minutos de «reparaciones» y a restablecer relaciones amistosas con las células de su cuerpo desde ahora?

Todo cuanto tiene que hacer es enviar su energía psicotrónica a las células, junto con un mensaje de aprecio y de alta estima. El resultado será un aumento de esa energía psicotrónica al marchar al unísono su energía psicotrónica y la energía de las células.

Empieza a resonar más armónicamente con las células de su cuerpo. El resultado es una mejor salud y una más fuerte proyección de la energía psicotrónica para que cumpla su voluntad.

Plan de actuación para que cada célula de su cuerpo trabaje para usted

Encuentre una postura cómoda. En este plan de actuación puede usted estar tumbado si lo desea.

Cierre los ojos e inspire profundamente. Al exhalar el aire, sienta como si fuera el final de un día muy duro y le agradara relajarse.

Tome conciencia de su cuero cabelludo. Sienta en él el consquilleo de la circulación sanguínea.

Represéntese su pelo. Vea un pelo entrando en su cuero cabelludo.

Sígalo por debajo de la piel. Véalo agrandado como si fuera el tronco de un árbol en un bosque de folículos pilosos.

Agradezca a su pelo el que sea la gloria que le corona.

Exprese su agradecimiento ahora a las células de su cerebro por ser el ordenador de su cuerpo y el centro de comunicación.

Baje con su conciencia. Dé las gracias a sus ojos, oídos, paladar, dientes, por el excelente trabajo que están haciendo.

Entre en la garganta y en el estómago. Alabe a las células del estómago por ser un laboratorio químico eficaz para la digestión de tal variedad de alimentos.

Siga expresando amor, afecto y gratitud a su bazo, páncreas, hígado, vesícula biliar, intestino delgado y colon.

Diga una palabra amable a su sistema evacuatorio por un trabajo tan ingrato, pero esencial.

Métase en su corriente sanguínea. Dígales a los glóbulos blancos que transmitan su afecto y agradecimiento a los demás. Haga lo mismo con los rojos.

Deténgase en el corazón. Dele sus respetos a tan poderosa máquina. Luego a sus pulmones con un aprecio igual.

Por último, vuelva a su cráneo. Dígale a una célula ósea que le lleve su agradecimiento a todas las células óseas. Dígale a una célula del cuero cabelludo que se lo transmita a todas las células cutáneas, y salga entonces por donde entró.

Abra los ojos sintiéndose completamente despierto y mejor de lo que estaba.

Este plan de actuación resulta bastante largo expresado en palabras, pero si lo lee un par de veces se dará idea del «itinerario» fisiológico. No tiene que sentarse con el libro en el regazo y abrir los ojos para ver qué viene a continuación. Cualquier camino que tome para recorrer los sistemas de su cuerpo, cualquiera que sea la forma en que le exprese su respeto, amor y aprecio, serán el camino y la forma apropiados.

Sus células responden igual que si el presidente de la General Motors visitara la cadena de producción para dar las gracias a los trabajadores. Cuando se eleva la moral de sus células, usted se da cuenta.

Todo mejora..., incluso su poder psicotrónico.

Usted tiene poder para deshacer las nubes

Con su sitio especial que le brinda un vínculo con el Generador Psicotrónico Cósmico y con las células de su cuerpo que suman su poder al suyo, tiene usted un poder que no sospecha pueda tener.

Esa creencia limitada de su poder sigue siendo el mayor obstáculo con el que habrá de enfrentarse al pasar del punto en el que está ahora en su vida a las nuevas cimas del poder, salud y éxito a través de los «milagros» psicotrónicos.

A mí me corresponde mostrarle los caminos fáciles que han de convencerle de que tiene ese poder. Si ha llevado a cabo los planes de actuación hasta ahora y ha realizado las otras pruebas y procedimientos que se le sugerían, está dispuesto a hacer lo que hizo Ralph G., lo que yo puedo hacer, y lo que tantos otros se han demostrado a sí mismos y a los demás que pueden hacer.

Puede usted deshacer las nubes. ¿Está usted dispuesto a elevar su confianza en su poder psicotrónico con una demostración?

Ralph G. no se creía capaz de hacerlo. Su vida era un reflejo de sus concepciones negativas. Fracaso tras fracaso. Le dije que eligiera una tenue nube encima de su cabeza para fundirla y otra nubecilla para utilizarla de «control». Le expliqué que consideraría una prueba positiva la desaparición de la primera nube sin que llegara a desaparecer totalmente la segunda.

Señaló a la nube en cuestión y luego a su nube «control». Se relajó, proyectó su conciencia hacia la nube que había de desaparecer, como si le enviara un rayo de luz. El calor evapora el vapor de agua condensado. La nube desapareció lentamente. La nube «control» también cambió, pero siguió identificable.

Aquello tuvo un profundo efecto sobre Ralph. Por primera vez tenía la evidencia tangible de algo que siempre había estado ocurriendo en su vida, pero que ahora sabía ocurría. Ahora podía ver que la energía de su conciencia era un poder real que conformaba su vida. A partir de entonces la utilizó positivamente y su vida reflejó aquella nueva polaridad: éxito tras éxito.

Usted también podrá hacer esta demostración de hacer desaparecer una nube a su entera satisfacción. He aquí cómo:

Plan de actuación para hacer desaparecer una nube

Elija una nube (tenue) y otra parecida de «control».
Relájese manteniéndose en pie (no se siente ni se tumbe).
Mire fijamente la nube elegida. Ignore la nube de control.

Imagine que envía un rayo de energía consciente a la nube.

Levante las manos y señale con los tres primeros dedos de cada mano (sin incluir el pulgar) hacia la nube, sabiendo que eso aumenta el poder psicotrónico que penetra en ella.

Espere que reaccione desapareciendo.

Compare el cambio con la nube de «control».

Es probable que lo logre el primer día. Si los resultados no son convincentes, practique el plan de actuación e inténtelo de nuevo.

No es que sea importante el que usted logre fundir una nube, lo que importa es que conozca y acepte su poder psicotrónico.

Cuando consiga hacer desaparecer una nube, déjelo ya. Si sigue haciéndolo, por diversión o por vanidad, será una pérdida de energía.

Mejor será que utilice el poder para mejorar su vida.

Una forma de elevar su vida y de hacer que las personas importantes se pongan de su parte

Ahora que conoce la inmensidad de su poder psicotrónico, tiene que planear la forma de utilizarlo en su vida.

El primer paso consiste en establecer prioridades, ¿qué es lo que más desea: un puesto de ejecutivo? ¿Más amigos? ¿Mejor salud? ¿Un viaje? ¿Una casa nueva o un coche nuevo?

Ponga todo cuanto desee en tarjetas separadas. Reduzca cada meta a sus componentes.

Por ejemplo, haga las tarjetas de la salud empezando por una tarjeta para aquel aspecto de su salud que necesite mejorar urgentemente. Luego otras tarjetas para otros problemas de salud, incluidas toses, enfriamientos u otras molestias.

Haga lo mismo para las posesiones. Todo cuanto desea requiere una tarjeta aparte.

Haga lo mismo para otras personas de su familia: tarjetas separadas para fines distintos.

Cuando tenga diez o veinte tarjetas llenas, numérelas por orden de importancia. Luego ponga la número uno delante de las demás, detrás la dos, etc.

Ahora ya está listo para llevar a cabo un plan de actuación que afectará a cada una de esas metas, empujándolas a realizarse.

Plan de actuación para mejorar su vida

Vaya a su «habitación especial» y relájese en su silla especial con las tarjetas en la mano.

Mantenga las tarjetas con las yemas de los dedos, por orden de prioridad, la número uno arriba.

Mire la tarjeta de encima. Represéntese mentalmente que se hace realidad. Si es algo que desea conseguir, véase a sí mismo con ello.

Pase aproximadamente tantos segundos con la primera tarjeta como tarjetas tenga en su mano.

Coloque la tarjeta detrás de las demás y siga mirando a la segunda de la misma manera, pero un segundo menos.

Recorra de ese modo todo el paquete de tarjetas, pasando cada vez menos tiempo con la siguiente.

Repita el proceso con la primera tarjeta cuando vuelva a llegar a ella.

Salga mentalmente de su habitación sabiendo que la acción ya está en marcha para mejorar su vida de acuerdo con las tarjetas.

Guarde las tarjetas para volver a repetir lo mismo a diario, eliminando las tarjetas conforme vaya consiguiendo lo que en ellas se pide.

¡Enhorabuena! Ya está encarrilado.

4
Mejore su salud, con solo chasquear los dedos, por medio de la energía psicotrónica

En este capítulo aprenderá a hacer que cese el dolor en usted y en los demás. Se convertirá en un sanador psíquico. Será usted capaz de utilizar las manos y los ojos para corregir sus propios problemas físicos y ayudar a los demás sin siquiera estar a su lado. Puede usted controlar la energía psicotrónica para mantenerse a usted y a los demás en buena salud.

¿Sabe usted lo que es palmear? Se recomienda a los ejecutivos en tensión, cansados. Se colocan las palmas de las manos sobre los ojos, con la base de la palma apoyada en el pómulo. Mantenga esa postura durante dos minutos mientras se representa a sí mismo lejos del despacho en algún lugar tranquilo.

¿Qué es lo que en realidad ocurre durante el palmeo? Por supuesto, cada vez que cierra los ojos y aleja de su mente las tensiones se está concediendo un momento de rejuvenecimiento y de descanso. Pero al colocar las manos sobre los ojos añade otro elemento más.

Ese elemento es la energía psicotrónica.

Su energía de vida irradiada por los dedos, y reciclada a través de los ojos, se ve reforzada. Se nota la diferencia en unos segundos.

Puede usted colocar las manos sobre otra persona y ver confirmado este efecto. El ya fallecido Ambrose Worrell, en colaboración con su mujer, Olga, creó una clínica para curar por «imposición de manos». Eran un ejemplo vivo del poder de la energía psicotrónica para curar. Sus manos centraban la energía psicotrónica en la parte enferma y mejoraban en unos instantes.

Olga Worrell se ha prestado a la experimentación de numerosos científicos interesados en el estudio de la energía psicotrónica. Un experimento en el que sostuvo una enzima en la mano durante unos minutos, demostró que la enzima adquiría un mayor nivel de actividad que otras a las que no sostuvo. También una serie de enzimas dañadas por rayos ultravioleta quedaron restablecidas cuando ella las sostuvo en la mano.

Así también, el agua en sus manos, enviada en tres grupos distintos a tres laboratorios electroscópicos distintos, presentaba cambios parecidos en los tres análisis, indicando que la energía psicotrónica humana puede realizar cambios moleculares en una materia como el agua.

Cómo utilizar sus manos para que cese el dolor en su cuerpo en pocos minutos

Sus manos son un canal por el que circula la energía psicotrónica. Puede usted ayudar a curar a otra persona. Inténtelo. La próxima vez que a alguien le duela el estómago, o la espalda, o la cabeza. Mantenga sus manos sobre el área afectada. No dé masaje, ni frote ni manipule..., a menos que tenga un diploma médico.

La imposición de manos es un proceso espiritual. Usted se convierte en vehículo de curación espiritual. En términos más científicos, eso significa que su energía psicotrónica viene a sumarse a la energía psicotrónica de la persona.

En el Japón existe una práctica de curación conocida como *Reiki*. Es la imposición de manos. Se enseña solo a unos pocos elegidos a los que, por lo general, no se permite enseñarla a otros. Sin embargo, una mujer de Honolulú curada por esa técnica recibió permiso y la ha estado enseñando a lo largo y ancho de los Estados Unidos. Un médico de Honolulú se interesó por ello y pidió ser tratado por ese método. Resultó tan eficaz que se cuidó de que la mujer recibiera los privilegios de un hospital siempre que se le pidiera que ayudara a los pacientes del mismo.

El doctor Edward Mitchell, en colaboración con otros investigadores, estudió la imposición de manos y encontró energía en cantidad que se puede medir. Su trabajo y el de otros científicos psicotrónicos permite una mayor comprensión de los métodos prácticos de utilización de esa energía para problemas de salud específicos.

Mientras tanto, el dolor sigue siendo el más insidioso de los síntomas de enfermedad. Las drogas no son la respuesta perfecta. Por un lado alivian y por otro causan otros problemas.

Puede usted utilizar su energía de conciencia para acabar con el dolor. Se hace centrándola a través de las manos. La energía psicotrónica, así concentrada, .puede insensibilizar los nervios. Entonces cesa el dolor.

El siguiente plan de actuación le dice cómo lograrlo utilizando su poder de visualización. No necesita «ir» a su habitación especial. Puede imaginar que todo ocurre en el lugar en que se encuentra. Hay que imaginar un cubo de agua helada.

Una advertencia: el dolor es la forma que tiene la naturaleza de decir que hay un problema. Utilice este método solo como primer auxilio, o como alivio temporal. Si el dolor persiste, vaya al médico.

Plan de actuación para aliviar el dolor

Relájese en el lugar donde esté. Cierre los ojos.
Haga más profunda su relajación.

Haga como si hubiera junto a su silla un cubo de agua helada.
Meta la mano en el cubo dejándola caer al lado de la silla.
Sienta el agua fría, el hielo partido o los cubitos.
Recuerde cuándo metió anteriormente la mano en agua helada. Piense en qué sensación sentía.
Haga que su mano se sienta tan insensible como entonces.
Mantenga la mano en el cubo de agua helada hasta que se haga más insensible. Tarde unos dos o tres minutos.
Saque la mano del agua y compruebe lo entumecida que está pellizcándola. Pellízquese la otra mano y compare. Vuelva al agua fría si es necesario.
Toque con la mano entumecida la parte dolorida de su cuerpo.
Diga al entumecimiento que pase de su mano al área dolorida, luego...
Frótese la mano y hágala volver a la normalidad.
Termine la sesión sintiéndose mejor que antes, con el dolor aliviado.

Tom B. resultó atropellado por un coche mientras iba en su motocicleta. Cayó sin ser arrollado por el vehículo, pero se magulló el pie y la rodilla. Inmediatamente se llevó la mano a esas zonas para calmar el dolor. Entonces pudo esperar descansando a que llegara el auxilio médico.

Una vez haya realizado el plan de actuación antes descrito, puede limitarse a «pensar» que tiene la mano dentro de agua helada y le dará buen resultado. La respuesta vendrá cada vez antes con la práctica. Por último, podrá conseguir que su mano se vuelva insensible cuando quiera.

Joan C. era una de esas personas con una bajísima tolerancia al dolor y se mareaba con solo ver la sangre. Estudió psicotrónica, especialmente la técnica del entumecimiento.

Un día, Joan estaba segando el césped. La segadora se estropeó. Trató de sacar lo que la atrancaba y al hacerlo no quitó la mano a tiempo. Se hizo un corte profundo. Vio la sangre manar de la herida.

Al momento pensó: «La mano está bien. No hay que tener pánico. No me duele. No sangra».

Se fue a casa a lavarse la mano. Su marido vio el corte, y dijo: «Vamos al hospital. Te tienen que dar puntos». Ya había dejado de salir sangre, y no había dolor, pero Joan accedió para dar gusto a su esposo. En el hospital no hubo necesidad de darle puntos. Ya había empezado a cerrarse la herida. Solo le pusieron un vendaje. Cuando se lo retiraron al cabo de unos días, no había ni siquiera cicatriz.

Se puede utilizar una simple fórmula de *biofeedback* para acelerar el proceso. Antes de meter la mano en el cubo de agua helada imaginario, sostenga un termómetro con los dedos durante un par de minutos hasta que marque la temperatura de su mano. Luego sumerja la mano en el agua helada imaginaria y compruebe la temperatura cada pocos minutos. Cuando observe el descenso más marcado —puede muy bien ser tres grados— sabrá que la forma que acaba de imaginar es la mejor y más eficaz.

Comprenda el poder que tienen sus manos para curar

Sus manos son servidores poderosos y precisos de su mente.
La facultad de imaginación da paso al proceso creativo.
Luego las manos toman el relevo.
Sus manos tienen unas veinticinco articulaciones y más de cincuenta posibles movimientos distintos.
Sus manos tienen la habilidad de crear o destruir comodidades materiales, de crear una nueva cultura o destruir una vieja.

Refuerza su equilibrio físico con las manos, con ellas da énfasis a su conversación y centra su energía psicotrónica con las manos.

La gente entiende los dos primeros puntos, pero no el último.

A veces, cuando las manos y la mente trabajan juntos para hacer el mal, se entiende mejor ese poder.

- Un doctor brujo haitiano crea una muñequita a imagen de una persona. Clava alfileres en la muñeca. La persona se pone mortalmente enferma.
- Un equipo de fútbol de Kenia (África), le pide al hechicero local que le ayude a vencer al equipo rival. Estrangula un gato. El equipo local gana.
- Un faquir indio deja caer un excremento humano delante de la casa de un enemigo. Hace algunos pases con la mano. El enemigo enferma.

No necesita usted ver el mal para entender el poder psicotrónico que tiene en las manos. La siguiente escena se desarrolla habitualmente en casa del autor, pero también se da en docenas de otros lugares por todo Estados Unidos.

Unas diez o doce personas se encuentran cómodamente sentadas, con los ojos cerrados. Están en su nivel mental relajado alfa y han ido a su «habitación especial».

«Al señor Roy Jones, de cuarenta y tres años de edad, natural de Memphis (Tennessee), le han dicho que tiene una piedra en el riñón. Por favor, detecten el problema y hagan las oportunas correcciones.»

Los presentes leen una lista de casos.

Empiezan a moverse las manos. Una persona parece trasladar a un hombre imaginario cada vez más alto, como para observar toda la anatomía en detalle. Otra persona da la vuelta al cuerpo. Ahora alguien chasquea los dedos para hacer más clara una zona y poderla «examinar» mejor.

Unos cuantos empiezan a moler una piedra imaginaria entre los dedos, pulverizándola. Los movimientos de otras manos fingen cortar, quitar, coser.

Al cabo de unos minutos, los presentes leen otro caso de la lista y las manos empiezan a moverse una vez más.

En la siguiente ocasión en que se reúne el grupo, se enteran de las curaciones, mejorías y alivios. «El señor Jones expulsó una piedra a la mañana siguiente.»

Sus manos tienen poderes sanadores. Esos poderes están ahí naturalmente. Sin embargo, el hecho de que usted no tenga conciencia de esos poderes que están en sus manos, los disminuye y difumina.

Aumente la conciencia de los poderes de sus manos y permitirá que esos poderes entren en acción.

Esto ya está ocurriendo. Ocurrió cuando empezó usted a leer este capítulo. Unas fotografías Kirlian de sus manos cuando usted empezó y ahora demostrarían la diferencia.

La energía está creciendo en sus manos. Puede acelerar ese crecimiento con el siguiente Plan de actuación.

Plan de actuación para acrecentar el poder sanador de sus manos

Relájese profundamente. Con los ojos cerrados. Respire profundamente.

Vaya a su habitación especial y siéntese bajo la claraboya.

Imagine la luz entrando del cielo, inundando sus manos.

Levante las manos y abra los ojos.

«*Vea*» la luz discurriendo por sus manos. «*Vea*» sus manos irradiando luz sanadora.

Termine la sesión, sabiendo que sus manos son incluso más poderosas que antes.

Cómo se realiza la curación psicotrónica

La obra de curación emprendida por las personas que movían las manos en la forma antes descrita en este capítulo se realiza hoy día a través de muchas disciplinas de entrenamiento. El autor es instructor en una de esas disciplinas —Silva Mind Control—, de la cual han nacido varias ramificaciones.

El entrenamiento consiste en aceptar el condicionamiento mental de que se puede hacer algo, y en montar una metodología para llevarlo a cabo.

El hecho de que la aceptación produzca los resultados no es nuevo para la ciencia. No somos mejores de lo que creemos que somos. Este ha sido el mensaje de psiquiatras y psicólogos en las pasadas décadas. La propia imagen parece ser el único factor limitante del comportamiento humano.

La metodología de trabajar a un nivel subjetivo o imaginario se basa en los mismos procedimientos utilizados a nivel objetivo o material. El trabajar con las mismas manos, aunque sea en algo imaginario, le da una mayor energía a ese trabajo: energía psicotrónica.

A esto se le llama curación psíquica. Es un proceso de energía canalizado por los pensamientos de la persona hacia las partes enfermas de la otra persona.

Esta transferencia de energía es la clave de la curación, pero no es ella realmente la que cura. Lo que sana es el mismo proceso de curación que actúa siempre naturalmente. Solo que ahora, reforzado por energía externa, puede lograr un progreso más rápido.

Hay otro factor que actúa aquí y que conviene resaltar. Cada uno puede elegir entre ir o venir; es decir, entre estar vivo o no estarlo. Muchos casos de enfermedad son deseos subconscientes de morir que empiezan a manifestarse.

Un sanador psíquico visualiza a una persona enferma ya curada. La curación se realiza.

Ese mismo sanador psíquico visualiza a otra persona que padece la misma enfermedad también curada. Esta vez no se realiza la curación. ¿Por qué?

Es probable que esta segunda persona, subconscientemente, rechace la energía psicotrónica que se le envía para curarla.

La curación con la oración actúa de dos maneras (aunque el orante no tenga conciencia de ello):

1. Se presenta un argumento en favor de la vida en un nivel supraconsciente.
2. Se proporciona energía sanadora psicotrónica.

Dicho de otro modo, el alegato pidiendo asistencia dirigido a un Nivel Más Alto produce un cambio en la persona enferma que subconscientemente desea la muerte o estar enferma.

Es como si se mantuviera en alguna parte una discusión silenciosa.

Supraconsciente: «Tu trabajo no está concluido. Ponte bien».

Subconsciente de la persona enferma: «No valgo para nada, no tengo fuerzas, no me necesitan aquí. Merezco ser castigado por fracasar».

Supraconsciente: «Si vales para algo y si te necesitan. Mereces ser recompensado con una vida llena de salud y dichosa. Aquí tienes energía sanadora. Acéptala».

Subconsciente de la persona enferma: «Está bien, lo acepto».

Bill G., cuarenta y dos años, no mejoraba de una reciente depresión que le había quitado el apetito y le estaba dejando cada vez más débil. Se presentó su caso ante un grupo de sanadores psíquicos, sin resultado.

Entonces un exorcista se encargó del caso. No halló evidencia de posesión, pero tuvo una «charla» con el alma de Bill. La conversación imaginada sirvió para ver que Bill no deseaba vivir por culpa de la infidelidad de su esposa. El exorcista aconsejó a Bill en su imaginación. Los consejos a ese nivel produjeron un cambio evidente de actitud. En otras palabras, el cambio a nivel del alma, o nivel interior, produjo un cambio inmediato a nivel físico o nivel externo. El apetito de Bill y su humor mejoraron a partir de aquel día. Tuvo una mayor comprensión para con las necesidades y acciones de su esposa. Su matrimonio mejoró mucho.

El aceptar la curación psicotrónica es necesario para que esta actúe.

Cómo se compagina la oración con la curación psicotrónica

La oración es la aceptación de la curación.

En efecto, es decir: Aquí me veo, y ahora quiero salir de esto. Ayúdame.

Con frecuencia, sanadores de la fe de gran renombre mueren de alguna enfermedad. La gente se desilusiona. ¿Por qué no se han podido curar a sí mismos?

La respuesta es tan sencilla como que uno y uno son dos. Si usted está enfermo y alguien suma su energía psicotrónica a la suya, esa energía aumenta de forma significativa. Pero incluso si tiene algún método para aumentar su propia energía psicotrónica, esta ya se ha visto muy mermada por la enfermedad, y el aumento, aunque sea doble, puede no lograr que se eleve el nivel hasta lo normal.

Por eso los curanderos acuden a otros curanderos.

Es fácil remontar a otra persona, pero imposible remontarse a sí mismo.

Cuando reza para mejorar, está usted haciendo el equivalente a acudir a «otro sanador». La petición de ayuda constituye al mismo tiempo la consecución de poder psicotrónico adicional y la aceptación de ese poder.

¿De dónde viene? Del Generador Psicotrónico Universal. Si quiere lo puede llamar Generador de Divinidad [en inglés: Generator of Divinity (GOD = DIOS)].

La curación fue antaño una de las principales funciones de la Iglesia. Después de varios siglos de haberla interpretado, esa función está volviendo bajo numerosas denominaciones.

No hay diferencia en el proceso, aunque difieran las palabras. Y no hay diferencia en el proceso tal y como lo entendía la Iglesia o como lo entiende la ciencia, a pesar de la diferencia en las palabras utilizadas.

La semejanza entre los métodos de los sanadores por la fe y los métodos de los sanadores psicotrónicos se hace evidente cuando se suprimen las diferencias en las palabras.

Ambos requieren un fuerte deseo para efectuar la curación.

Ambos requieren una esperanza y una fe en que se efectuará una curación.

Ambos requieren una total absorción de la mente durante el proceso. Algunos le llaman concentración; pero esa palabra denota esfuerzo. Es más bien una relajación la que tiene lugar durante el proceso.

Ambos requieren una representación del problema en la mente del sanador y luego una representación de la curación.

Hay algunas excepciones a esto último. La Ciencia Cristiana, por ejemplo, solo ve la perfección, no el problema.

Cuanta más gente trabaje para usted, más energía.

Los grupos de oración tienen muchos éxitos. También los grupos psíquicos.

Usted puede lograr éxitos de muchas formas. Y ahora nos ocuparemos de algunas de esas formas. Pero no menosprecie a la oración ni a los grupos de oración.

Y, recuerde, en caso de enfermedad grave, su energía psicotrónica necesita el refuerzo de otras.

Unos médicos polacos han referido cómo están estudiando la actuación de la energía psicotrónica en su profesión médica. Ven que algunas medicinas funcionan con ciertos médicos, pero no con otros. También ven que un doctor que trata a un paciente con el que tiene mucha relación consigue una eficacia que no consigue con otros.

Ambos hechos indican que algo hay en la relación médico-paciente que está íntimamente asociado con temas más allá de las píldoras, inyecciones y terapia: asociado con la energía de su conciencia.

Cómo liberarse de ciertas condiciones físicas

Una mujer que estudió conmigo, me contó que su hija estaba descontenta por su mal aspecto.
—Le avergüenza mucho venir a pedirle ayuda. ¿Puedo yo hacer algo por ella? —preguntó.
—¿Cómo se llama su hija? —le dije.
—Betty.
Tomé una hoja de papel, y escribí:

«Querida Betty:

1. Toma una foto tuya, de cabeza y hombros nada más.
2. Llévala contigo durante tres días, ponla debajo de la almohada durante tres noches.
3. Toma líquido de corrección para textos mecanografiados y ponlo por encima de toda la cara en el retrato.
4. Fija la foto en la puerta de tu habitación para que puedas verla al entrar y salir. Mírala fijamente».

Al cabo de tres semanas vino a verme la madre. «Siguió sus instrucciones —exclamó sorprendida, como si fuera la primera vez que

Betty hacía lo que se le decía—. Ha mejorado un setenta y cinco por ciento, y ahora se la disputan dos chicos a los que conoce desde hace tiempo. Me ha dicho que le entregue a usted esto.» Abrí un sobre. Dentro estaba la foto de Betty. Sobre la cara llena de blanco había escrito: «Gracias».

Si sigue usted el Plan de Actuación para aumentar el poder psicotrónico de las manos como se ha indicado anteriormente en este capítulo, podrá ayudarse de muchas maneras.

Plan de actuación para aliviar problemas físicos

Relájese cómodamente, cerrando los ojos, respirando profundamente y sintiendo que ya ha empezado la mejoría.
Véase a sí mismo con el problema. Repáselo.
Cambie a una representación de la solución. Véase perfecto. Véase libre de la condición.
Tienda los dedos de la mano hacia el área afectada.
Chasquee los dedos, diciendo: «¡Fuera!».

Yo mismo tuve un problema con los ojos. Los tenía muy secos por la noche, tan secos que solía despertar con el ojo pegado al párpado y me dolía al abrirlo. Luego me lloraban mucho. Los oftalmólogos me recetaron pomadas y pastillas, pero seguía igual.

Tras varios años de padecer ese problema, decidí que ahora sabía cómo librarme de él. Al llevar a cabo el anterior plan de actuación, utilicé una orden junto con la representación de la solución: «Tendré los ojos debidamente lubricados hasta que me despierte».

Después de haber estado años luchando contra aquello, me desapareció en solo una sesión y nunca me ha vuelto a molestar.

Su energía psicotrónica puede curar a los demás

Utilizar su propia energía psicotrónica para solucionar sus problemas físicos está muy bien, pero valen más dos personas que una.

Otra persona puede ayudarle a curarse mejor de lo que podría hacerlo usted solo.

Quizá sea eso lo que se oculta tras la enseñanza de Jesús: «Allí donde dos personas se reúnan en mi nombre».

He aquí cómo ayudar a otra persona a curarse. Se trata de un nivel espiritual. Es la utilización del poder psicotrónico. Nunca se hace en presencia de la otra persona. Es para evitar culquier malentendido por parte de las autoridades médicas.

La curación psicotrónica es legal, igual que rezar para que alguien se cure es legal. Ambas cosas son el ejercicio de la energía en la conciencia —en un nivel inmaterial—. Lo inmaterial es espiritual. Por tanto, le protege la libertad de religión garantizada por la Constitución.

La curación espiritual no debe considerarse como un sustituto de la atención médica. Antes bien, debe utilizarse como primeros auxilios antes de que llegue la atención médica, y puede continuar como un cuidado auxiliar.

He aquí el plan de actuación básico para sanar a otros.

Plan de actuación para curar a otra persona

Relájese y vaya a su «habitación especial».

Invite con la imaginación a la persona enferma a que entre en la habitación.

«Vea» a la persona en pie delante de usted, quejándose de su problema.

Fije a la persona con las manos. Vea más abajo la explicación.

Haga que la última imagen de la persona sea de perfecta salud.

Termine la sesión sabiendo que la persona recobrará totalmente la salud.

Digamos un par de cosas sobre la utilización de las manos. Le añade realidad al trabajo psicotrónico. La imaginación está tan acostumbrada a limitarse a pensar que se requiere fantasía para hacer que el proceso tenga la realidad que los científicos reconocen ahora debe tener la imaginación.

Por eso es preciso que las manos concentren la energía psicotrónica allí donde sea necesario.

La energía que llamamos electricidad es la energía de los electrones libres. La electricidad será como sean esos electrones libres. Cuantos más electrones libres haya en una sustancia, mejor conductora será de energía eléctrica.

La energía térmica es la energía del movimiento molecular. Necesita contacto para hacer pasar su calor de un objeto caliente a otro frío.

La energía psicotrónica es la energía de la conciencia. No sigue los modelos de la energía eléctrica, o de calor, o de luz, o cualquier otra. Va a donde vaya el pensamiento. Y eso no es muy limitativo.

El ver a una persona libre de una enfermedad enviar energía psicotrónica a esa persona, esté donde esté; y esa energía trabaja para curar.

Cuando tiende los dedos hacia la imagen de una persona, se aumenta el fluir de la energía psicotrónica sanadora.

Las manos son instrumentos de la conciencia.

Un camión ha abollado el parachoques de un taxi. Ambos conductores están en la calle discutiendo a gritos. Agitan las manos al hablar, gesticulando para añadir énfasis (energía) a su convicción mental (consciente).

Un niño ha desobedecido. La madre advierte al niño que la próxima vez le dará un par de azotes. Con el dedo tendido hacia el niño, le advierte que lo recuerde bien. Agita el dedo para hacer más enfática la amenaza.

Se pueden utilizar las manos en el proceso de curación para dar mayor énfasis a su punto de mira. Cualquier cosa que haga con las manos servirá:

- Señalar a la persona imaginada.
- Frotar con una pomada imaginaria.
- Rociar con un *spray* imaginario para aliviar dolores.
- Chasquear los dedos para «ordenar» la curación.
- Borrar manchas o lunares en los pulmones.
- Pulverizar una piedra.
- Coser una herida.

Las manos ayudan a su conciencia a lograr la mejoría, el alivio, etc.

Ayude a su propia salud ayudando a los demás

Una mujer que tenía un espolón, le pidió al autor que la ayudara a hacerlo desaparecer. Le irritaba el roce de la ropa, pues lo tenía en la parte de atrás del hombro.

«Me lo van a extirpar quirúrgicamente —explicó—; pero pensé que quizá con su intervención no fuera necesario operarme.»

«¿Cuándo tiene usted pensado que la operen?», pregunté.

«Mañana ingreso en el hospital», repuso.

Bueno, no quedaba mucho tiempo para lograr un cambio físico en algo tan rígido como un espolón, pero no podía ignorar la petición que se me hacía.

Aquella noche me relajé, imaginé a la mujer, y realicé con las manos todos los movimientos necesarios para serrar su espolón.

Ella siguió adelante con la operación prevista y se olvidó el asunto. Pero cosa de una semana después, noté algo extraño en mi hombro izquierdo. Siempre había sido muy agudo y pronunciado, pero ahora era redondeado, igual que mi hombro derecho.

Había eliminado un espolón; pero no el de la mujer, el mío.

Siempre que ayuda a otra persona se ayuda a sí mismo. Es como si su energía psicotrónica le fuera «devuelta» por la energía psicotrónica de esa persona.

Cada vez que se sumerja en su nivel relajado alfa, ya sea para ayudar a los demás o a sí mismo, su cuerpo y su mente se ven inmediatamente beneficiados.

Los individuos que utilizan su poder psicotrónico o que siguen prácticas de relajamiento como yoga, autohipnosis o meditación, notan una mejoría de la memoria, de la concentración y de la creatividad. Muchos encuentran mejorías en su personalidad, en la confianza en sí mismos y en la realización de su trabajo. Muchos refieren también la corrección de malos hábitos como excesos en la comida, en la bebida o en el tabaco.

Las mejorías más corrientemente notadas en el estado relajado regular se refieren al sueño, a la disminución de la tensión y del nerviosismo, de catarros y dolores de cabeza, y a un mayor control de las relaciones personales.

En su conciencia tiene usted el mayor poder que existe en la tierra. Con solo conectar con ese poder relajándose e imaginando, notará mejorías asombrosas.

La concentración de ese poder en un problema específico produce resultados «milagrosos».

Cómo «ver» los problemas de salud en los demás

En Tucson (Arizona) se celebró una conferencia médica en 1975 para compartir las experiencias e investigaciones sobre las nuevas directrices de la medicina, especialmente en la forma en que mente y cuerpo pueden trabajar juntos en el proceso de curación.

Este Congreso Nacional sobre la Salud Integrativa oyó al doctor V. Norman Shealy, cirujano de la universidad de Wisconsin, informar sobre un estudio de dieciocho meses sobre la forma en que las personas con la llamada capacidad psíquica pueden hacer diagnósticos médicos, sin radiación y sin otros riesgos médicos, con la misma exactitud que los médicos ayudados por equipamientos modernos.

El informe del doctor Shealy decía cómo se les daba a los clarividentes un esquema del cuerpo humano y luego el nombre y las señas de un paciente. Los clarividentes indicaban entonces en el esquema cuál era la zona problemática, y en algunos casos corregían diagnósticos médicos equivocados.

Aparte de los clarividentes, la investigación también utilizaba a numerólogos, palmistas y astrólogos, que, en su mayoría, no habían visto nunca a los pacientes, pero a los cuales se les proporcionaban fotos, fechas de nacimiento, huellas de palmas de manos y otras informaciones semejantes que requerían estudios poco ortodoxos.

El doctor Shealy destacó la importancia de utilizar a los psíquicos en lugar de los cientos de miles de caros y posiblemente nocivos rayos X utilizados anualmente. Las pruebas de rayos X son apropiadas en el 80 por 100 de los casos, con un riesgo de un 1 por 100 de causar algún problema, observó, mientras que los psíquicos son exactos en un 98 por 100 y sin riesgos.

Si usted desea ayudar a otra persona que tenga un problema que no responde al tratamiento médico, puede necesitar determinar la naturaleza del problema. Quizá sea muy distinto de lo que asume el tratamiento médico, o quizá incluya otros factores no diagnosticados.

Eso lo puede determinar usted a través de su energía psicotrónica. No es lo que se llama diagnosis. Solo los practicantes de la medicina legales pueden diagnosticar. A esto se le llama discernimiento psicotrónico. Difiere de la diagnosis en dos cosas:

1. Se realiza a distancia, nunca en presencia del sujeto.
2. Al sujeto no se le informa del problema discernido.

Todo cuanto necesita para un correcto discernimiento psicotrónico es:

- Capacidad de relajación.
- Imaginación visual.
- Deseo de ayudar a la persona.
- Esperanza y fe en el éxito.

Cierto número de cursos comerciales enseñan esta habilidad. Un estudiante que se graduó en Silva Mind Control asistió a una escuela superior y se quejó ante el instructor: «No puedo hacerlo».

«¡Ponte en pie, John! —ordenó el profesor—. Tengo aquí una tarjeta en el bolsillo de la camisa. En ella figura el nombre y dirección de una persona con problemas físicos. Voy a avanzar por entre los pupitres hacia donde estás; cuando llegue a tu lado quiero que me digas qué le ocurre a esa persona.»

Echó a andar hacia John. John quedó aturdido por un momento. Cerró los ojos y luego exclamó: «¡A la mujer le han amputado el brazo derecho y tiene manchas en los pulmones!».

El instructor sacó la tarjeta y se la enseñó a John. ¡Había acertado exactamente!

Los graduados de ese curso llaman «detección» al discernimiento psicotrónico y «corrección» a la curación psicotrónica. Los cientos de miles de graduados de esos cursos han logrado miles de casos, no revelados, de detección acertada y de corrección eficaz. Este año su fundador, José Silva, anunció que los ministros de cualquier confesión religiosa podían seguir los cursillos de entrenamiento completamente gratis, en un esfuerzo por devolver a la Iglesia la curación por la fe.

Si siente usted que cumple los cuatro requisitos para el discernimiento psicotrónico acertado que se enunciaban más arriba, entonces es que está en disposición de seguir el siguiente Plan de actuación:

*Plan de actuación para el discernimiento
psicotrónico de la enfermedad*

Relájese en su habitación especial bajo la claraboya.
Invite a la persona enferma a que entre y se quede de pie delante de usted.
Examine su cuerpo de arriba abajo, teniendo en cuenta hacia qué parte se siente atraída su atención.
Señale con la mano esa parte del cuerpo y pida que se transparente.
Chasquee los dedos para hacer que esa parte se vuelva mayor y más clara, para que pueda verla mejor.
Discierna el problema, preguntándole a la parte afectada cuál es la anormalidad.
Acepte la respuesta que le venga a la mente.
Fije a la persona con las manos utilizando cualquier instrumento o medicina imaginarios.
«Vea» a la persona perfectamente.
Termine su relajamiento, sabiendo que la situación ha cambiado.

Muchos doctores están dando ahora mayor fe e importancia a los pensamientos y sentimientos en la representación de la curación. La conciencia nos enferma. La conciencia nos puede sanar.

La utilización de la visualización positiva por parte del paciente está entrando poco a poco en el repertorio del médico.

Quizá la visualización positiva del propio médico venga después. Entonces el milagro del poder psicotrónico se encargará por completo de los problemas de la salud humana.

Señales de la mano que obran milagros en la salud

No hay razón para hacer la lista de las clases de problemas físicos que responden a la utilización de la imaginación positiva. Todos responden.

La relación causa-efecto sigue existiendo, y algunas condiciones se causan y se corrigen con igual rapidez.

Shirley B. se libró de los síntomas de su resfriado en doce horas.

Percy L. se libró del dolor de riñones en unos minutos, y no le volvió.

Si tiene usted dolores, malestar, hinchazón o cualquier molestia que quisiera aliviar, he aquí un plan de actuación que puede dar resultado en cuestión de minutos. Si la condición persiste, vaya al médico; pero para unos «primeros auxilios» inmediatos para usted u otra persona, utilice el siguiente plan de actuación:

*Plan de actuación de primeros auxilios
para aliviar una condición dolorosa*

Relájese allí donde esté.

Señale la zona afectada por la condición, indicando sus límites.

Trace con las manos la clase de recipiente que se necesitaría si la condición pudiese entrar en un recipiente.

Describa el color de esa condición dolorosa, si es que tiene color.

Haga lo mismo con su olor y sabor, si tiene olor y sabor.

Vuelva a señalar la zona afectada indicando sus nuevos límites.

Vuelva a trazar con las manos la forma reducida del recipiente que ahora se necesitaría.

Repita la operación si es necesario, si no ha desaparecido totalmente...

Coloque la condición en un globo rojo imaginario.

Golpee el globo con la mano, enviándolo lejos.

Las dramáticas mejorías afectadas por este método demuestran el poder de la energía psicotrónica en este campo de trabajo.

Bertha M. tenía un dolor de espalda crónico. El dolor cabría en una jarra ancha. Era de color gris oscuro, dijo, sabía amargo y olía a moho. Recorrimos juntos los pasos de rutina. Esta vez el dolor llenaría una taza. Era gris clarito, apenas si tenía sabor y olía a humedad. Cuando le pedí que volviera a localizar el dolor, había desaparecido.

Volvió a la reunión un mes más tarde y nos informó de que el dolor de cabeza que le durara diez años había desaparecido.

El dolor es subjetivo. Cuando se utiliza la energía de conciencia para hacer de él algo objetivo —como un objeto con forma, color, olor y sabor—, ya no es dolor.

Puede decirle a otra persona cómo hacerlo. Incluso puede responder a sus preguntas. Pero asegúrese de no tocar, diagnosticar o dar cualquier instrucción. Solo pregunte. Y deje que la propia energía psicotrónica de esa persona obre su propio milagro.

5
Cómo utilizar los ojos para enfocar la energía psicotrónica en gamberros, tiranos, vecinos molestos y otras personas «incómodas» a las que desee controlar

Aprenderá a controlar a la gente que le ponga impedimentos en el trabajo, en su vida amorosa, o en su felicidad. Utilizará un arma mágica y nunca sabrán qué les golpeó. También aprenderá a crear un escudo inexpugnable que le protegerá del ataque psíquico o mental de los demás. ¿Puede un hecho tan sencillo como tomar café ser utilizado para domeñar la energía psicotrónica? Aprenda a hacer que actos como este efectúen un cambio en las personas —el cambio que usted quiera—. Aprenda, también, a utilizar las formas geométricas y los colores básicos para obtener más rápidamente lo que desea.

Este es un mundo competitivo.

La gente se aprovecha de los demás.

Se puede acabar con la esclavitud, pero siempre unos seguirán esclavizando a otros en la forma que sea. Hay la esclavitud económica, la esclavitud emocional, la esclavitud sexual, la esclavitud política, y muchas otras formas de explotación humana.

Todos estos son juegos de poder. Los individuos buscan cómo obtener un control cada vez mayor sobre los demás, y eso ocurre en los negocios, en el gobierno, en la sociedad y en la vida de familia.

Cuando está usted expuesto a ese poder, lo siente en muy variadas maneras:

- Un inspector que no es razonable.
- Un demandante especialmente agresivo.
- Un vecino irritante.
- Un fiscal mezquino.
- Una autoridad religiosa intransigente.
- Un conocido antipático o entrometido.
- Un empleado amenazador.

Si se enfrenta usted con alguna utilización molesta del poder personal, está usted capacitado para combatirlo... con su poder psicotrónico.

El poder psicotrónico actúa a nivel inconsciente. Sus enemigos nunca sabrán qué les pasó.

Sus ojos pueden dirigir el poder psicotrónico hacia donde quiera

Durante siglos han pervivido los cuentos del «mal de ojo». Rasputín, el monje ruso cuyos poderes curatorios le hicieron influyente en los círculos zaristas, tenía fama de dar órdenes con solo la mirada.

Los hipnotizadores siguen utilizando hoy el contacto visual para hacer que cooperen sus sujetos. El ojo hipnótico se ha convertido en símbolo de poder en muchas culturas.

Aparte de ser el centro de la vista, y por tanto, el centro visual natural del contacto de persona a persona, el ojo es un poderoso transmisor de energía psicotrónica.

Al igual que los dedos concentran la energía psicotrónica, millones de diminutas células ópticas reciben energía luminosa y transmiten energía psicotrónica.

Hay dos secretos que pueden privar de poder a tiranos y gamberros que traten de molestarle y perjudicarle y que le dan a usted ese poder:

Secreto núm. 1: El mantener a una persona bajo su mirada le convierte en remitente, luego en receptor.

Secreto núm. 2: Cualquier cosa que les transmita, la recibirá de vuelta.

Casi todos los que se dan importancia acaban «revolcados». Los que odian son odiados. Los que perjudican de alguna manera a los demás, son a su vez perjudicados.

Lo que sembramos, lo recogemos. Es lo que se llama en Occidente la ley de atracción, y en Oriente la ley del karma. No hay escapatoria posible. Es una ley que se cumple como la ley de la gravedad.

Sabiendo estos dos secretos, usted puede dar la vuelta a la situación ante un enemigo. Pero no lo hará manteniéndolo en contacto visual y enviándole animosidad. Con eso solo echará leña al fuego siguiendo su juego.

No puede enviar pensamientos de fastidio a una persona molesta. Lo que hará será que esa persona le perjudique a usted aún más.

No puede enviar odio a una persona odiosa y esperar que se opere un cambio. Con eso refuerza usted la condición no deseada.

El milagro de la energía psicotrónica utilizada para sojuzgar a las personas molestas y a los tiranos consiste en que usted no se convierte en vencedor en el sentido de que es usted quien molesta al fastidioso, sino que consiste en que se da la vuelta a la situación.

Cómo transformar a las personas molestas con el poder psicotrónico

¿Por qué no cambiar desde ahora una situación molesta? ¿Por qué no utilizar su poder psicotrónico centrado a través de los ojos para cambiar la polaridad y convertir la hostilidad en armonía?

Necesitará un retrato o un dibujo de la persona, que utilizará de «conexión» de forma parecida a como se hacía en el Plan de actuación para poner a una persona de su parte (ver Cap. 3).

Haga un dibujo sencillo y ponga debajo el nombre, la edad, sexo y dirección de la persona molesta o fastidiosa que pretende enderezar. Con eso ya está preparado para empezar.

El primer paso, como verá en el siguiente Plan de actuación, es ver el dibujo como si fuera la persona y no un esquema o foto. Pase cierto tiempo creando esa ilusión. Vea a la persona como si estuviera *en* el dibujo o en el retrato.

Plan de actuación para sojuzgar a un tirano o a un gamberro

Mire el retrato manteniendo los ojos abiertos mientras se relaja y se imagina a sí mismo en su «habitación especial» bajo la claraboya.
Entienda que el retrato *es* la persona.
Vea a la persona no como a un gamberro, sino como a una persona atormentada por algún problema personal.
Sienta simpatía y comprensión hacia esa persona.
Deje que la comprensión se convierta poco a poco en un sentimiento de cariño y de respeto, incluso de amor.
Termine la sesión sintiendo como si el encuentro hubiera sido real.
Repita esto varias veces al día hasta que se haya operado una transformación completa en la persona.

Retratos, mechones de cabello, recortes de uñas, ropas...
Por qué actúan como conexiones con una persona real

Los musulmanes y los hindúes tienen prácticas que utilizan la energía psicotrónica sin, por supuesto, saber exactamente qué leyes físicas están en juego. Se le llama magia. La mayoría de las veces es magia negra —utilizada para hacer daño a un adversario— y no magia blanca —utilizada para ayudar a alguien en un trance difícil.

A veces la magia negra se combina con la blanca. Por ejemplo, se envuelve el excremento de una persona enferma haciendo un paquetito muy atractivo, que se ata luego con cabello de esa persona. Se suele dejar el paquetito en medio del camino para que lo abra algún curioso. Cuando eso ocurre, se supone que el curioso cogerá la enfermedad, y, por otra parte, con ello se quiere librar al enfermo de su mal y acelerar su curación.

Con frecuencia se coloca el paquetito en casa de un enemigo. Esta magia negra tiene sus riesgos, porque si el enemigo también tiene conocimientos de magia negra, coge un hierro candente y lo introduce en el paquete del excremento, sabiendo que en ese mismo instante la persona a la que pertenece sentirá un agudo dolor de quemaduras en el ano.

No se necesita un retrato para afectar y cambiar a otra persona, y mucho menos un paquete de excremento. Pero estas «conexiones» se han utilizado con bastante éxito como un medio de dirigir la energía de la conciencia hacia una meta determinada.

La energía de la conciencia no necesita semejante ayuda. Se dirige hacia la persona solo con que usted sepa a qué persona quiere enviar esa energía.

Los colores curan a la gente de ciertos problemas. La terapia del color se ha utilizado con mucho éxito. Ahora se sabe que es igualmente eficaz colocar el retrato de la persona bajo la luz que la ha de curar.

Una empresa del suroeste que se dedicaba a fumigar cosechas, descubrió que las fotografías aéreas tratadas con el fumigador tienen el mismo efecto que si se fumiga el campo entero. Los insectos respondían.

El retrato de una persona identifica a esa persona en la mente universal. También lo hace un mechón de cabellos, unos recortes de uñas o una prenda de vestir.

Stephen se encontraba muy deprimido. Su novia había roto su compromiso con él y sentía como si se hubiera terminado su vida. Nada le quedaba en este mundo.

Le convencí de que había muchas cosas esperándole. Incluso una oportunidad de recuperar a su novia. Le di instrucciones psicotrónicas.

Stephen sostuvo una blusa que se había dejado la novia cuando se marchó con el otro hombre. La utilizó en lugar del retrato en el Plan de actuación del Cap. 3. Pocas semanas más tarde, la novia recorrió más de mil millas para reunirse con él.

No había necesidad tampoco de utilizar aquella prenda. La mente universal podía entrar en contacto con su novia meramente con el deseo de su propia mente. El conductor de la energía psicotrónica toma instantáneamente la energía y la lleva adonde la conciencia quiera que vaya.

Su conciencia, su mente, está en contacto con la mente universal. Su deseo de entrar en contacto con una persona define a esa persona como receptora de su energía psicotrónica. No hay error posible, no hay números equivocados.

Puede haber una docena de personas que se llamen igual, incluso que tengan la misma edad y el mismo sexo dentro de la ciudad, pero al saber usted con quién quiere entrar en contacto, se cumple, sin error posible.

La única ayuda que proporciona la «conexión», sea un retrato o unos cabellos, es que refuerza la intimidad de su contacto con la persona.

Nos engaña la distancia que nos dice «Demasiado lejos». Con la «conexión» en la mano, superamos el condicionamiento del entorno que hace de la distancia un obstáculo.

Si pensamos que no podemos entrar en contacto con la persona, no podremos hacerlo. Esto, afortunadamente, es cierto en el caso contrario: si pensamos que podemos, podemos.

Las nuevas religiones del pensamiento reconocen una mente universal. Ejemplos de ello son Unidad y Ciencia Religiosa. Ernest Holmes, fundador de esta última, vio la mente universal, que él capitalizaba, como individualizada en cada persona. Lo explicó como una «sabiduría infinita». Al igual que una bombilla utiliza la energía eléctrica y alumbra un espacio limitado, dijo, así cada persona utiliza cierta porción de la mente universal en una forma limitada, pero sin que por ello deje de ser universal.

Podemos utilizar más o menos parte de la mente universal. A nuestra elección.

Si usted creó una habitación especial en el Plan de actuación de un capítulo anterior, ya eligió. Conectó con el Generador Psicotrónico Cósmico, que produce la energía de conciencia de la mente universal.

Uri Geller, que se hizo famoso doblando tenedores y parando relojes con energía psicotrónica, no siempre puede hacerlo. Parece tener que contar con el «asentimiento» de algo externo a él. Es como si la mente universal también tuviera elección a la hora de utilizar o no nuestra mente.

Puesto que la mente universal no puede dividirse oponiéndose a sí misma, no se enfrenta a sí misma. Es creativa. Crea el universo. Por eso sus propósitos son constructivos, creativos, resolviendo problemas del hombre, su crecimiento y madurez, su salud y su felicidad.

¿Tiranos? La mente universal está dispuesta a trabajar para usted. Observe la historia. Su camino está marcado con los hitos de las tumbas de los tiranos.

Cómo acelerar la dimisión de un tirano

Hay tiranos para todos los gustos. Hay arrendadores que tiranizan a sus arrendatarios y arrendatarios que tiranizan a los dueños de las propiedades.

Hay jefes que hacen la vida imposible a sus empleados, y empleados que también hacen la vida imposible a sus jefes.

Maridos que tiranizan a sus esposas, y viceversa.

Un joven que trabajaba en unos grandes almacenes estaba siendo interrogado por los agentes de seguridad acerca de unos artículos que faltaban en el inventario. Aquello le puso tan furioso que le dijo a su mujer que iba a poner un laxante fuerte en la comida de los agentes en el próximo *picnic* de la compañía. Unos días antes de la excursión, volvieron a interrogarle. En aquella ocasión, el equipo de vigilancia tenía pruebas que le incriminaban tanto por algo que no había cometido, que se puso malo y estuvo dos días con una grave diarrea.

Se le devolvía lo que había sembrado.

¿Qué es lo que se puede hacer con un tirano que termine con su carrera pero que no le perjudique a usted de rechazo? La respuesta es *amarlo*.

«¡Qué absurdo!» —dirá usted—. «¿Cómo se puede querer a un tirano?»

Pregúntele al domador Boone, que hizo de Stnongheart una estrella del cine mudo. Cuando le entregaron a Boone al perro Strongheart para que lo enseñase, el animal era hostil y no cooperaba. Cada día era peor que el anterior. El perro empezaba a amenazar la celebridad de Boone. Se sentía tiranizado por el perro. Y no había duda de que el sentimiento era mutuo.

Una tarde después de una sesión tempestuosa con el perro, Boone se encontraba descansando sobre un montículo cubierto de hierba mirando la puesta de sol cuando se dio cuenta de que también el perro miraba la puesta de sol. Miró al perro. El perro lo miró a él.

A partir de aquel momento especial, todo cambió. El perro dejó de ser un tirano para Boone, y este se sintió más inclinado a trabajar de un modo placentero con el perro. Entonces empezó el éxito.

Lo que también siguió fueron las aventuras de Boone con caballos salvajes, a los que podía montar sintiendo que hombre y caballo formaban una unidad; con serpientes de cascabel que se negaban a atacar cuando Boone sentía amor por ellas; e incluso con una mosca que se comportaba como es debido cuando Boone sentía respeto por ella.

¿Cómo se puede amar a un tirano? Sienta el parentesco que da la vida.

Puede usted llegar a ello por etapas. En el siguiente Plan de actuación, se le pide que imagine estar con el tirano en una «escena». Emprenda el Plan de actuación con una escena que pueda usted tolerar.

Charles B. tenía un problema con su vecino. El vecino le acusaba de permitir a su perro estropear sus macizos y plantas, cuando en realidad el perro de Charles estaba siempre atado, con correa o dentro de casa. Nada de lo que dijera o hiciera Charles parecía convencer al vecino. Todo lo que hacían los perros de la vecindad, decía que el culpable era su perro.

Charles decidió convencer a su vecino con energía psicotrónica y acudió a mí para que le diera instrucciones. Estaba listo para empezar después de la primera clase y eligió una hermosa puesta de sol como escenario psicotrónico. Se vio a sí mismo charlando con su vecino y señalando a los demás perros que invadían su propiedad y hacían aquello que el hombre reprochaba a su perro.

Señaló a los perros imaginarios. Mantuvo contacto visual con su vecino imaginado. Sintió comprensión por el error, lo perdonó, y se acercó a él.

No tardó ni dos días en producir efecto. El vecino vino a la segunda mañana, cuando Charles abría la puerta del garaje. Le dijo que se había equivocado y quería excusarse, traía un hueso de caña muy largo para el perro. Desde entonces, él y Charles han sido buenos vecinos y buenos amigos.

¿Es usted capaz de imaginarse contemplando una puesta de sol con su tirano? Entonces, empiece por ahí.

He aquí otras escenas que pueden ser de su agrado para repetir el Plan de actuación y enviar amor... y «destruir» al tirano.

- Hablar con un tercero juntos.
- Tomar una copa juntos.
- Comer juntos.
- Darle la mano.
- Perdonarse el uno al otro.
- Darse un abrazo.

Plan de actuación para detener a un tirano

Vaya a su «habitación especial» bajo la claraboya y relájese profundamente.

Llene la habitación de luz azul.

Invite a entrar al tirano y véalo suavizado por la luz azul.

Cree una escena que pueda tolerar usted, como las descritas más arriba, cambiando a una escena cada vez más armoniosa conforme vaya repitiendo el Plan de actuación.

Acérquese al tirano, imaginando que le mira a los ojos.

Envíele pensamientos de amor.

Termine la sesión.

El escudo mágico que le protege de ataques físicos

Algunas veces es usted víctima de una persona de quien no lo espera y a lo mejor ni siquiera lo descubre.

Por ejemplo, la señora Emma P. Tenía treinta años menos que su marido, un terrateniente. Emma empezó a tener dolores de cabeza con frecuencia y se sentía siempre cansada. Apenas podía con el trabajo de la casa. Cada mañana veía marchar al campo a su marido con un grupo de trabajadores y entonces desfallecía. Al terminar el día, él regresaba vigoroso para su avanzada edad mientras que ella aún estaba postrada y doliente.

Al cabo de unos meses, Emma acudió a solicitar ayuda del autor. Fui a mi habitación especial y me representé un día cualquiera. Vi a su marido alimentarse de la energía de ella. Aunque ella estuviera en la casa y él a cientos de metros, «chupaba» energía de ella.

Terminé la sesión y le conté lo que había visto, teniendo cuidado de no decirle que aquello era un acto consciente de su marido, sino un subproducto de su amor y dependencia hacia ella, y que muchas personas son sin querer víctimas de «vampiros» psíquicos.

Le expliqué que había tenido suerte. Con frecuencia no se trata de una succión de energía, sino de un bombardeo de energía negativa.

Le di el siguiente Plan de actuación para que lo siguiera inmediatamente, y la llevé a una habitación donde pudiera relajarse tranquilamente.

Plan de actuación para protegerse de un ataque psíquico

Relájese tranquilamente, con los ojos cerrados, respirando rítmicamente, sintiéndose a salvo.

Represéntese un globo de plástico en torno suyo. Es impenetrable a todo, excepto a la energía de más alta vibración, como la luz y el amor.

Vea el ataque humano, consciente o inconsciente, chocar contra el globo y rebotar hacia el remitente, al terminar la sesión.

Renueve ese globo de plástico a diario.

Emma salió de la habitación al cabo de unos minutos.

Se le había quitado el dolor de cabeza en el momento en que entró en el globo de plástico.

Puede usted utilizar este método para cualquier tipo de ataque psíquico. El truco consiste en darse cuenta de esa especie de práctica perjudicial. He aquí algunos síntomas que habrá que vigilar:

- Nerviosismo sin explicación o sentimientos de algo malo que va a ocurrir de modo inminente.
- Cansancio, dolor de cabeza, insomnio.
- Sentimientos de malestar, de depresión, de excesivo pesimismo.
- Persistencia de algunos achaques: tos, dolores de espalda, gota, artritis, etc.

Aunque estos no son síntomas concluyentes de ataques psíquicos —pueden deberse a cierto número de factores físicos y primero tendría que estudiarlos un médico—, se dan con frecuencia en casos psíquicos.

Cómo cambiar las actitudes detestables de los demás

Casi todos los comportamientos, buenos o malos, están condicionados. Aprendemos a ser como somos. Este aprendizaje o condicionamiento se hace entonces automático, como escribir a máquina o montar en bici.

El científico ruso Pavlov descubrió que si hacía sonar una campanilla cada vez que daba de comer a sus perros, al poco tiempo, con solo el sonido de la campanilla, se formaba saliva en la boca de los perros.

Los psicólogos del comportamiento utilizan hoy ese principio para ayudar a sus clientes a cambiar los condicionamientos desagradables o los hábitos —como fumar o comer demasiado—. Un sistema de recompensas y castigos (incluyendo un choque eléctrico cada vez que el fumador enciende un cigarro) no tarda en cambiar el hábito.

Este principio actúa también utilizando la energía psicotrónica, la energía de la conciencia.

Una clase de universitarios hizo una vez la prueba con un profesor. Tenía la costumbre de pasear por el aula de un lado para otro. Los estudiantes conspiraron para prestarle atención por el lado izquierdo, pero no por el derecho. Al cabo de un tiempo, dejó de pasear y daba la clase desde el lado izquierdo.

Se ha enseñado a la energía de la conciencia humana a que afecte a otros tipos de vida. En un experimento con fotografía Kirlian, se alteraron de diversas formas las radiaciones de una hoja, según un estudio técnico presentado en la Segunda Conferencia Psicotrónica Mundial de Montecarlo. Un hombre enviaba sus pensamientos a la hoja en el sentido de «mi voluntad contra la tuya» y lograba causar una leve contracción del aura de la hoja. Una mujer visualizaba una burbuja de plástico en torno a la hoja que restringiera su aura. También logró resultados evidentes.

Si se combinan estos dos hechos:

1. La energía psicotrónica puede condicionar.
2. El condicionamiento puede alterar el comportamiento.

Se ve cómo los pensamientos pueden cambiar los hábitos de otras personas.

Hay una ventaja en la energía psicotrónica como fuerza condicionante: trasciende los obstáculos físicos y actúa sobre principios más elevados.

Digamos que Joe L. es un personaje molesto. Usted tiene que trabajar con él y se presenta problemático. Si fuera a hablar con Joe, quizá las cosas empeoraran. Por otra parte, cuando está usted hablando con Joe en su imaginación, las cosas son muy distintas en ese nivel consciente. Joe quiere mejorar. Quiere ser apreciado igual que lo queremos todos. El problema estriba en que está condicionado para ser como es. Su conciencia más elevada —supraconciencia, si se quiere— se alegraría de hacer un cambio y mejorar las cosas si fuera posible.

Usted puede hacerlo posible. He aquí cómo.

Puede «ver» a Joe dispuesto a hablar cada vez más razonablemente cuando se toma una taza de café. Usted sabe que toma café, así que «véalo» mejorar con cada trago que tome.

Estos son trucos desencadenantes de comportamientos, como la campanilla de Pavlov, solo que a nivel psicotrónico. Se puede utilizar té o agua, o cerveza; o puede usted utilizar como fórmula desencadenante el que se ponga la camisa o el que pise el acelerador del coche. Cualquier cosa que haga habitualmente puede representársela como una mejoría.

No se puede provocar a una persona para que se comporte de forma negativa. Solo son posibles mejorías. Esto se debe a que Joe en realidad quiere mejorar, como todo el mundo. Se resiste a desplazarse en la otra dirección. El condicionamiento enviado con energía psicotrónica solo funciona para que mejore el hombre.

He aquí su Plan de actuación.

Plan de actuación para transformar a una persona molesta

Relájese en su «habitación especial».
Invite a la persona molesta a reunirse con usted.
Vea a la otra persona volverse cada vez menos molesta y antipática con cada sorbo de café o con otra fórmula desencadenante.
Sepa que su energía psicotrónica está condicionando un mejor comportamiento en esa persona.

Visualice a la persona cambiando a mejor con cada repetición de la acción desencadenante.

Termine la sesión, esperando un cambio, y sintiendo un cambio a mejor en su actitud frente a la persona.

Cómo hacer que una persona cambie rápidamente

Gritos de júbilo resonaban en el gimnasio. Uno de los estudiantes de primero había colocado en la diana una foto del director y ahora cada estudiante se entretenía en lanzarle un dardo.

El director, aún ignorante de lo que ocurría, en esos momentos se sentía molesto, sin saber por qué. Lo que los estudiantes no comprendían era que lo que estaban haciendo haría más difícil de manejar al director y lo volvería aún más antipático.

La energía de la conciencia genera energía de su misma especie. El odio engendra odio. El amor engendra amor.

Por tanto, es el amor psicotrónico el que resuelve los problemas humanos. No hay modo más rápido de enderezar a una persona que bombardearla con amor psicotrónico.

Hay una forma de hacerlo, con los ojos y las manos trabajando al mismo tiempo, que logra que una persona se enderece tan rápidamente que le dejará a usted sorprendido.

Se necesitan algunos materiales: una fotografía de la persona, o un dibujo realista; unas flores o dibujos de colores de flores; incienso, o perfume, una vela; un disco con música espiritual o romántica, preferiblemente sin voces.

Además resultan útiles otros materiales artísticos, puesto que lo que usted va a hacer es un montaje. Se pueden incluir, pues, lápices de colores, tizas, algodón, papel dorado, o de plata, o de colores.

También se necesita un cartón bastante grande, o papel fuerte que sirva de fondo. También se puede utilizar directamente la pared, teniendo cuidado de no utilizar materiales que la estropeen o que dejen manchas. Para obtener mejores resultados, hay que sujetar el fondo a la pared.

El primer paso consiste en fijar la fotografía de la persona a la que usted quiera mejorar en el centro del fondo o de la pared. Trace en torno a la foto un triángulo con el vértice hacia arriba. Luego rodéela de flores, de verdad o pintadas. Además, cree dibujos con tiza o lápices que indiquen resplandores de sol amarillos en torno a la persona y por dentro del resplandor un halo azul o aura; cuanto más oscuro sea el azul mejor.

Añada cualquier otro material decorativo a su montaje que le haga brillar y le dé colorido. Coloque una lámpara de pie o de sobremesa de forma que dé luz al montaje como un foco.

Ahora está preparado para emprender el Plan de actuación.

*Plan de actuación para enderezar
rápidamente a una persona molesta*

Manténgase en pie frente al montaje.

Cierre los ojos y sepa que cuando vuelva a abrirlos se encontrará en su habitación especial frente al montaje, pero la persona será «real».

Abra los ojos mirando a la persona a los ojos.

Sienta amor por la persona.

Comprenda sus problemas y dé gracias a que esos no son suyos.

Envíele energía psicotrónica de amor con los ojos y las manos, levantando ambos brazos y alzando los dedos de ambas manos hacia la persona. Utilice una postura de las manos y los dedos un poco recogidos, como dando la bienvenida.

Mantenga el contacto visual con la persona y siga con la postura de las manos durante unos minutos, sintiendo durante todo ese tiempo el amor que procede de una comprensión total.

Haga movimientos acariciantes con las manos, expresando afecto. *Termine* la sesión sabiendo que se le ha transmitido a la persona el poder del amor, como, desde luego, se podrá comprobar.

George L. se vio involucrado en un accidente de tráfico en el que un joven que iba en el coche conducido por George resultó muerto. George quedó trastornado por el remordimiento, pero se daba cuenta de que la culpa había sido del otro conductor. Sin embargo, se le inculpó a él y fue citado ante los tribunales.

George estaba angustiado ante la perspectiva de una condena que arruinase su vida. Vio que todos sus sueños de una vida de éxitos se le venían abajo.

Cuando se le brindó la posibilidad de evitar semejante tragedia, saltó sobre ella y se convirtió en un experto en relajación y visualización.

George sabía cómo era el juez y lo dibujó. Luego creó un mural en torno al dibujo compuesto según el arte indio o mandalas. Entonces siguió el Plan de actuación. Cuando compareció ante el juez, este se mostró muy compasivo y George fue absuelto de los cargos.

Formas y figuras geométricas que afectan a las personas

La razón de trazar un triángulo en torno al retrato en este último Plan de actuación tiene que ver con el efecto de los símbolos sobre nuestra conciencia. Algunas formas geométricas tienen un significado profundo al que reacciona nuestra conciencia incluso cuando no nos damos cuenta del significado profundo de esa forma.

El círculo es símbolo de unidad. Tiene un buen efecto sobre la conciencia, pues tiende a recordar al individuo que su mente aparentemente aislada forma parte en realidad de una extensa mente universal.

Un triángulo es también un símbolo significativo que desencadena un efecto consciente positivo, especialmente equilibrando las cosas desequilibradas.

Los tres vértices del triángulo se conciben como inteligencia, amor y fuerza. Cuando estas tres cualidades se hallan perfectamente equilibradas, nosotros estamos perfectamente equilibrados y actuamos de forma casi divina, expresando la perfección de Dios en nuestros pensamientos y actividades.

¡Pues en eso consiste el enderezar a una persona! Si puede hacerse que una persona antipática exprese cualidades casi divinas, lo que se hace es transformar en solución un problema.

En el cristianismo, el triángulo simboliza al Padre, a la Madre y al Hijo —los Tres aspectos del Creador, con el Padre, Voluntad divina (fuerza); la Madre, el Espíritu Santo (sabiduría o inteligencia) y el Hijo, Jesús nuestro Señor, al que los hombres llaman Cristo (amor).

El cerebro está dividido en dos hemisferios. El lado derecho del cerebro, que controla el lado izquierdo del cuerpo, está «encargado» de las representaciones. El lado izquierdo del cerebro, que controla el lado derecho del cuerpo, está «encargado» de las palabras.

Unos científicos canadienses han perfeccionado una forma de equilibrar los dos hemisferios del cerebro, mejorando de ese modo la salud y buen funcionamiento de la persona, mediante un sistema de trazado de dibujos y de descripción de esos dibujos verbalmente; un sistema llamado Biofeedback Eidético.

Miembros de la Academia canadiense de Psicotrónica se han ocupado de investigar cómo afectan las diferentes formas geométricas a las personas, reconociendo que la conciencia es energía-fuerza-movimiento, que constantemente busca expresarse a través de la forma, del modelo de estructura y del símbolo. Se han dado cuenta de que la forma de un paquete o su dibujo pueden cambiar la experiencia gustativa de la comida que contenga. La misma comida en un envoltorio distinto produce un sabor diferente.

Se está extendiendo la investigación para estudiar el efecto de habitaciones de diferentes formas y de edificios de formas distintas sobre el trabajo creativo que se realiza en ellos.

Naturalmente, esas mismas formas proyectadas mentalmente de una persona a otra tienen los mismos efectos que cuando se perciben con los sentidos.

Según la experiencia del autor, el cuadrado, el rectángulo, el trapecio y las formas irregulares generan una reacción que va de negativa a neutra, mientras que las siguientes formas o símbolos transmitidos en un Plan de actuación, psicotrónicamente, tienen una influencia que va de neutra a positiva:

Cruz.
Estrella.
Triángulo.
Círculo.
Punto.

Cómo aumentar los efectos de un plan de actuación con símbolos geométricos

Lleve a cabo su plan de actuación siguiendo las instrucciones.

Inserte el símbolo, arriba y en torno a la persona cuando la esté llamando para que acuda a su habitación especial.

Decore su «habitación especial» con ese símbolo en cierto número de lugares.

Los colores afectan a las personas. Cómo utilizar ciertos colores para influir sobre los demás

La fotografía de Kirlian confirma ahora lo que los psíquicos saben desde hace milenios: que el cuerpo humano irradia energía, y que esa energía, cuando se la concibe visualmente, tiene características de color.

Los campos de energía en torno a los dedos, por ejemplo, muestran una respuesta a la disposición mental de ese momento. Un hombre y una mujer pueden mostrar «auras» de color azul grisáceo en torno a las yemas de los dedos, pero cuando se tocan, los colores se vuelven rojizos y anaranjados.

Los psicólogos han visto que las preferencias de las personas por los colores traslucen su personalidad. Los comerciantes se han dado cuenta de que las personas responden más ante la utilización de ciertas luces y géneros que ante otras. Se utiliza la terapia del color para corregir ciertos problemas de salud.

El color y la conciencia están en comunicación recíproca. La conciencia produce colores y estos afectan a la conciencia.

Recientemente tuve una escasa audiencia en un curso que doy en la universidad local. Como el curso se anuncia en un boletín y en unos prospectos, la siguiente ocasión en que anunciaron los cursos rodeé la hoja de un rojo vivo antes de distribuirla. Aquella vez se triplicó la asistencia.

Se puede utilizar el color para controlar a la gente. Limítese a bañar a la persona en la luz con el color correcto, en su imaginación. A la persona le afecta el color y se incrementa de ese modo su tendencia a responder.

Estos son los colores que habrá de utilizar:

Rojo Si se quiere crear un amor físico o una reacción emocional.

Naranja	Si se quiere estar con la persona en una fiesta o influir sobre el papel a desempeñar por la persona en una reunión, club u organización.
Verde	Si se quiere realizar una venta o crear una relación más tranquila y armoniosa.
Azul	Si se quiere que una persona se sienta bien dispuesta hacia uno y se encuentra a gusto.
Añil	Cuando quiera sacar a la luz lo mejor de una persona.

He aquí cómo utilizar el color en sus planes de actuación.

Plan de actuación para «conmover» a una persona

Vaya a su habitación especial cerrando los ojos y relajándose.

Instale luz indirecta en su habitación especial con controles en el brazo de su sillón, un botón para cada color.

Siempre que invite a una persona a su habitación especial para un Plan de actuación determinado, encienda la luz apropiada a esa acción.

Vea a la persona bañada por esa luz de color especial.

Los científicos están reconociendo la importancia de todo el espectro en la salud total. Los cristales de las ventanas que detienen los rayos ultravioletas, los cristales de las gafas que cortan parte del espectro, y la luz artificial que solo proporciona una parte del espectro, se están considerando ya como fuente de problemas físicos y mentales. Se empiezan a fabricar cristales de ventanas y de gafas de espectro completo.

Una luz con un color especial puede añadir un color que antes escaseaba, y eso ayuda a corregir y normalizar.

La luz y la energía psicotrónica están estrechamente relacionadas. Los ojos son los órganos de ambas.

Influya con los ojos en la persona de un gamberro

Es mejor actuar sobre gamberros, tiranos y gente molesta y perniciosa en un nivel subjetivo, cuando esté usted relajado y pueda utilizar su facultad de imaginación a distancia de ellos.

Pero si surge la ocasión, puede valerse de su energía psicotrónica produciendo efectos inmediatos sobre la persona.

Patricia P. se preocupaba por un muchacho emocionalmente desequilibrado —un adolescente muy alto para su edad—. Lo había llevado a dar un paseo por el campo y habían subido a una colina cuando vieron que se acercaba una tormenta. El muchacho se puso nervioso. Parecía echar la culpa a Patricia de cada relámpago y de cada trueno. De pronto se volvió hacia ella, con la cara torcida por una mueca, y avanzó con las manos extendidas como si fuera a estrangularla.

Patricia conservó su sangre fría y se mantuvo inconmovible. Conocía el milagro de la energía psicotrónica. Abrió mucho los ojos y lo miró fijamente, manteniendo la mirada mientras se acercaba el muchacho fuera de sí, viéndolo rodeado por una luz azul y sintiendo amor y comprensión hacia él.

A dos centímetros del cuello de Patricia dejó caer las manos y giró en redondo como avergonzado. Ella lo tomó del brazo y lo llevó a su casa.

Al abrir los ojos, una persona manda sobre la atención y magnifica la energía psicotrónica transmitida. Esto se utiliza con frecuencia como técnica hipnótica, pero este es un método especial que requiere una habilidad especial y gran entrenamiento.

Usted puede utilizar el método psicotrónico sin necesidad de habilidad especial ni de entrenamiento, aparte del que se le brinda en este libro..., con seguridad y eficacia.

Utilice la técnica de los ojos muy abiertos, pero no para dar órdenes hipnóticas, sino para controlar al otro psicotrónicamente con la superarma: el amor.

Cuando alguien le amenace, utilice este Plan de actuación.

*Plan de actuación para calmar a alguien
que se enfrenta con usted y le amenaza*

Abra los ojos ligeramente más de lo normal, cuidando de no dar a su cara una expresión de horror, sino que...
Mantenga el rostro inexpresivo. No sonría.
Vea una luz azul rodeando a la persona.
Sienta amor, simpatía, afinidad, comprensión.
Magnifique esos sentimientos como si subiera el volumen de un reostato imaginario.
Transmita esos sentimientos con los ojos.

En el capítulo siguiente aprenderá a utilizar las manos para ayudar a otras personas a mejorar su bienestar físico y mental de maneras que han abierto vías a la profesión médica hacia nuevas fronteras de la mente.

6
Poder psicotrónico para mejorar la salud y el bienestar de otros

En este capítulo aprenderá a utilizar las manos para dar masajes que habrán de aliviar a sus seres queridos. Aprenderá a detectar problemas de salud en los demás y a llevar a cabo sesiones que habrán de sanarles psicotrónicamente. Podrá hacer que su cónyuge deje de roncar o que un niño deje de hacerse pis en la cama. Solo se requieren cuatro cosas. En este capítulo encontrará las técnicas para acrecentar cada una de estas cuatro cosas, adquiriendo de ese modo mayor poder curativo. Por último, encontrará el método de reforzar una salud vigorosa gracias a la energía psicotrónica óptica.

El poder que tiene usted en sus manos podrá crecer gracias a lo que verá en este capítulo. Podrá crear un cambio profundo para mejorar a los demás con la aplicación apropiada de la energía psicotrónica, ayudado con sus manos.

Hace aproximadamente un siglo, un joven llamado Tom Fisher iba a ser ahorcado en la prisión del condado de Carbon, en Jim Thorpe (Pennsylvania). La noche previa puso la mano derecha en la pared de la celda y dijo que aquella huella permanecería en la pared mientras siguiera en pie la prisión, como señal de su inocencia.

Hoy la huella de la mano sigue allí. Por mucho que se haga para limpiarla o pintarla, vuelve a aparecer la huella mágica: testimonio del poder milagroso de la energía psicotrónica, especialmente cuando se concentra a través de las manos.

Pero un testimonio aún mayor de ese poder es que lo hayan aceptado prestigiosos científicos. Este no constituye solo su mayor testimonio sino su mayor promesa. Porque lo que usted pueda lograr gracias a los Planes de actuación de este libro, por milagroso que parezca, son meramente realizaciones menores comparado con lo que logrará la ciencia a través de la investigación del poder psicotrónico.

La muy respetable Smithsonian Institution ha montado una exposición itinerante sobre el fenómeno psíquico. La exposición se lleva a institutos, universidades, museos y bibliotecas de todo Estados Unidos y Canadá.

Incluye casos científicamente demostrados de curaciones psíquicas, de psicoquinesis (movimiento de objetos con la energía psicotrónica), precognición, telepatía mental y demás, incluidos experimentos de percepción extransensorial realizados por el Stanford Research Institute, encantamientos e investigación criminal psíquica.

Podemos decir que esta exposición del Smithsonian es el reconocimiento oficial de que la humanidad ha entrado en una nueva era: una era de utilización de la energía de su conciencia que llamamos poder psicotrónico.

Cómo utilizar la mente, las manos y los ojos para enviar energía curativa a través de la persona a quien toca

Si bien la energía de la conciencia no conoce los límites de espacio y tiempo que las demás energías han de superar, se puede, sin embargo, aplicar *aquí* y *ahora* con toda eficacia, comparado con las energías físicas.

En el Cap.4 le introducíamos en la utilización de la energía psicotrónica para mejorar la salud. En este capítulo daremos un paso más para curar, aliviar y hallar problemas de salud físicos y mentales.

Los cirujanos psíquicos de Filipinas recibieron no hace mucho la visita de unos observadores científicos interesados en descubrir si esos llamados cirujanos psíquicos tenían realmente en sus manos poder para llegar a través de la piel a tumores, quistes, etc., y extirparlos.

Observaron, vieron que lo que se les decía era exacto, pero no tuvieron la absoluta seguridad de que no fuera un engaño. Sin embargo, sí descubrieron una evidencia indiscutible de que ahí había poderes especiales: los cirujanos psíquicos hacían aparecer imágenes en película de rayos X con solo señalar con el dedo.

Usted tiene ese mismo poder en sus manos. Todo cuanto necesita hacer es activarlo y entonces habrá iniciado el proceso.

Le recuerdo que no se está usted convirtiendo en médico ni curandero. Un profesional puede utilizar métodos de curaciones psíquicas, y así lo hace a veces, intencionadamente o no. Pero un sanador psíquico puede no utilizar nunca los métodos de un médico. Y no lo hará porque es contrario a la ley.

Es contrario a la ley diagnosticar una enfermedad y recetar un tratamiento para esa enfermedad. Los sanadores psíquicos no infringen esa ley si hacen su trabajo en secreto y a distancia.

En este capítulo permaneceremos en el secreto, pero algunas de las cosas las haremos en presencia de la persona, e incluso tocándola, realizando una imposición de manos como se hace en las curaciones de fe, y moviendo las manos como se hace en los masajes.

Tocar y dar masaje es legalmente aceptable entre los miembros de su propia familia, pero puede necesitar consejo legal si pretende extender ese tratamiento más allá de los miembros de su propia familia.

La energía sanadora surge de usted mientras lee este libro. Ahora es más fuerte de lo que era en la página uno, porque ahora tiene una mayor conciencia de sus capacidades.

Si se ve a sí mismo como a una unidad independiente, se separará más de esa energía. Si se ve como parte de la conciencia universal, conectado con el Generador Psicotrónico Cósmico, actuará como conductor, o canal de esa energía.

Los indios americanos, que se sentían muy cerca de la naturaleza, tan cerca que eran realmente «uno» con la naturaleza, tenían un gran poder curativo. Si un indio se ponía enfermo, acudía a un «hombre de medicina». Este curandero indio se daba un paseo por los bosques o por el campo. En su conciencia proyectaba la pregunta a la naturaleza: «¿Qué curará a esta persona?».

Entonces se sentía atraído hacia una corteza, una raíz, una hierba o una hoja. Así le respondía aquella cosa viviente.

Hoy día sabemos que las plantas se comunican entre sí y con el hombre. Esta comunicación se ha detectado con el polígrafo o con equipos de detectores de mentiras.

El hombre de medicina indio «oía» esa respuesta. Esto equivale a un poder más alto llevándolo hacia la cura que buscaba.

Soloho, un sanador *hopi*, sigue obteniendo información para curar a su gente y a otros que acuden a él, mediante este tipo de comunicación. También es capaz de sintonizar su conciencia con ese poder más alto y colocar las manos sobre un cuerpo enfermo de forma a llevar a las partes enfermas de ese cuerpo energía de vida. A veces sus manos empiezan a moverse sobre el cuerpo como si dieran masaje para llegar a los tejidos, ligamentos, glándulas y órganos que requieren energía psicotrónica adicional.

Esto no es un monopolio. Todas las culturas tienen sus métodos de curación a través del masaje o la imposición de manos.

Todo el mundo está capacitado para ello. Cuanto más convencida de ello esté una persona, tanto mejor lo hará.

Usted tiene esa facultad. Trabaja para usted y funciona. He aquí cómo.

Plan de actuación para curar mediante masaje

Pregunte a un miembro enfermo de su familia si desea que le ayude con un masaje.
Dígale que se tumbe boca abajo.
Siéntese junto a la persona.
Relájese y vaya a su «habitación especial» bajo la claraboya.
Véase a sí mismo y a la otra persona bañados en luz verde.
Mueva las manos y sitúelas por encima del cuerpo, despacio, dejándolas ir por donde quieran y deteniéndolas donde quieran detenerse.
Mantenga la mente en la claraboya mientras continúa el proceso durante unos minutos.
Repítalo con la persona tumbada boca arriba.
Termine la sesión sabiendo que la ha ayudado.

A Sarah L. le dolía la espalda. Tenía un dolor constante en la parte baja. Su marido la instaba a que fuera al médico, pero ella prefirió descansar y reposar a ver si se le pasaba.

Una noche, cuando su marido volvió del trabajo y vio que la cena no estaba preparada ni la cama hecha, decidió intentarlo y valerse de sus conocimientos sobre energía psicotrónica. Sarah se dispuso a que le diera masajes, pero su marido se limitó a mantener las manos sobre la parte baja de la espalda, primero en un lado, luego en el otro. Al cabo de diez minutos el dolor había desaparecido y no volvió.

Reconocimiento oficial del poder curativo de la energía psicotrónica

En los primeros días, las religiones acaparaban los trabajos de curación. Al aparecer la ciencia médica, la curación por la religión empezó a perder puestos. Ahora se le llama curación psíquica, y solo unas pocas iglesias la incluyen en sus actividades.

Sin embargo, estamos entrando en una nueva fase. La ciencia médica está descubriendo la curación por la fe. Más exactamente, la psicotrónica abre la puerta de la medicina a la energía de la conciencia.

En Rusia se han llevado a cabo investigaciones sobre las transferencias de energía psicotrónica y sus efectos entre animales y plantas, efectos que iban desde la reacción de las plantas hasta la muerte de animales, y otras indicaciones específicas de transferencias de energía.

En Japón, investigadores del Instituto de Psicología Religiosa han medido la radiación de energía humana desde los puntos *chakra* del yoga y sus puntos meridianos de la acupuntura.

Barta Carol, psiquiatra del Nucet Hospital de Rumanía, ha estudiado el bioátomo y la energía bioelectromagnética como claves de la salud.

Los sanadores psíquicos son estudiados uno tras otro con todo detalle por científicos y médicos tanto en laboratorio como en sesiones de curación.

Psiquiatras y psicólogos utilizan la fotografía Kirlian como posible ayuda en el diagnóstico de enfermedades mentales.

«Diagnóstico» psíquico a distancia

Usted puede perfeccionar su facultad natural para detectar anormalidades en una persona.

Cuando tiene el sincero deseo de ayudar a alguien, su mente resuena con cada molécula de esa persona, se encuentre donde se encuentre.

Puede estar a miles de kilómetros, pero su mente trasciende la distancia igual que lo hace la luz, y probablemente más deprisa y más fácilmente.

Recuerde que he dicho «sincero deseo». El deseo de mostrarle a alguien lo que usted puede hacer, no es un sincero deseo de curar. El deseo de hacer una demostración o de alcanzar fama por ello, no es un deseo sincero.

El deseo de un padre por ayudar a su hijo, ese sí es un deseo sincero. Pero cuanto más lejano sea el parentesco, tanto más se verá afectada la sinceridad del deseo.

Examine su motivo. Si está libre de rémoras y se centra exclusivamente en ayudar a la otra persona y sanarla, sin pensar en recompensas o gratitud para usted, entonces ha pasado la prueba de la sinceridad.

Eso significa que está bien sintonizado y que es capaz de detectar con bastante precisión. He aquí cómo.

Plan de actuación para detectar la naturaleza de la enfermedad en otra persona y ayudarla

Vaya a su «habitación especial», bajo el tragaluz, e invite mentalmente a la otra persona a reunirse con usted.

Examine a la persona explorando su cuerpo de arriba abajo hasta que su atención se detenga en alguna parte o en varias.

Centre su atención en la primera de esas partes.

Chasquee los dedos para que el detalle sea mayor y más claro.

Pregunte a esa parte qué le ocurre. El siguiente pensamiento que le venga a la mente es muy probablemente la respuesta.

Haga una corrección mental de la enfermedad o anormalidad en el cuerpo de la persona.

Utilice las manos para «fijarla».

Haga lo mismo con la segunda parte del cuerpo, e incluso con la tercera, etc., si ha lugar.
Termine la sesión.

Miles de hombres y mujeres, incluso niños, de todo el mundo son capaces de hacer esto tras unas cuantas horas de entrenamiento. El autor ha entrenado personalmente a cientos de personas que dan diagnósticos psicotrónicos precisos. Este entrenamiento es más una cuestión de reprogramación de la mente subconsciente del «no puede hacerlo» al «puedo hacerlo».

Sin embargo, se les advierte que no deben diagnosticar. Es contrario a las leyes de la medicina. Lo que hacen realmente es detectar a distancia problemas de salud.

Tampoco son curanderos. Lo que realmente hacen cuando «fijan» es hacer correcciones a nivel no físico, sino espiritual —de nuevo a distancia.

Sam G. iba a examinarse de medicina. Empezaba a estar agotado. Se sentía débil y le daban mareos. Sabía lo suficiente del sistema nervioso para comprender que sus fenómenos físicos eran resultado de la tensión nerviosa. Le pidió a un compañero suyo del Silva Mind Control, uno de los cursos comerciales que enseñan esta especialidad del control de la mente, que le ayudara a vigorizar sus nervios y a corregir su desequilibrio físico.

«Es urgente —dijo—. Cada minuto cuenta hasta los exámenes.»

El sanador psicotrónico esperó a que se fuera Sam. Entonces fue a su «habitación especial», vio a Sam en su imaginación, le dio una imaginaria dosis de un nuevo producto que se inventó llamado «Vigorizador instantáneo de los nervios y reforzador de la confianza en sí mismo».

Sam le contó más tarde que no le habían vuelto a dar mareos ni se había vuelto a sentir débil. Se sintió más competente al examinarse, sin nerviosismo. Y aprobó.

Laura B. estaba en su dormitorio cuando oyó un zumbido que le era familiar. Su hijo, de once años, tenía otro ataque de asma. Se pasarían otra noche sin dormir. Sin salir de la cama, le visitó en la imaginación, le administró un sedante imaginario y esperó. Menos de un minuto después, se le había pasado el ataque.

Cómo acabar con las rabietas de los niños

Un niño está llorando.
Le dice a su madre que hay un monstruo en la habitación. Le da miedo dormirse.
—¿Dónde, Tommy?
La madre mira en el armario. Se agacha y mira debajo de la cama.
—No hay ningún monstruo, Tommy. Es tu imaginación. Ahora duérmete.
Apaga la luz.
—Está ahí, mamá. En el techo. ¿No lo ves? Encima de la ventana. Mamá, ¡no dejes que me coma!
—No lo veo, Tommy. Ahora haz como si no estuviera. Si te molesta, le diré a papá que venga a ayudarte.
Deja al niño y se va a la sala donde está su marido charlando conmigo, pues soy su vecino.
—Tommy ve un monstruo en su cuarto. Le he dicho que tú eres un cazador de monstruos. Pero espera, a lo mejor se duerme.
Tommy vuelve a gritar. Va su padre a verlo. Hay un silencio de varios minutos; pero en cuanto el padre regresa al salón, Tommy vuelve a llorar. Ahora da grandes voces.
—Pues vaya cazador de monstruos que eres —dice la madre.
—¿Os importa que lo intente yo a ver si puedo hacer algo? —pregunto.

—No faltaba más —dice el padre—. La llave de la luz está a la derecha de la puerta.
—No —respondo—. Lo haré desde esta silla.
Ahora el padre y la madre se miran.
Me pongo cómodo en mi asiento, cierro los ojos y respiro profundamente. Al cabo de un minuto abro los ojos.
—Ahora estará bien. Dadle un minuto.
Sigue el llanto. Luego se va calmando. Después parece como si Tommy se riera. Luego queda todo en silencio.
—¿Qué es lo que has hecho?
Les explico mi actuación subjetiva.
—Si a Tommy se le maneja objetivamente, se le pueden dar razones, o se le pueden hacer preguntas que revelen la ansiedad causada por el «monstruo». Incluso se le pueden dar razonamientos subjetivos para que desaparezca el monstruo.

»Pero es mucho más fácil programar a Tommy subjetivamente. Para eso el programador tiene que descender a un nivel mental profundo, como si prescindiera del mundo físico. Yo lo hago muy a menudo. Ahí vi a Tommy en su cama. También vi al monstruo. Creedme, era tan terrorífico como él decía.

»Entonces vi a Tommy gritando y llorando, y con cada grito yo "hacía" que el monstruo disminuyera de tamaño hasta dejarlo reducido a un monstruo de juguete. "Hablé" con Tommy y le "dije" que era tan solo un monstruo de juguete. Entonces terminé la sesión del nivel mental sabiendo que ya se había arreglado todo.»

Y así fue.

La psicotrónica actúa igual de bien cuando se trata de detener los ronquidos de un cónyuge o de lograr que un niño deje de hacerse pis encima, o de conseguir dejar de fumar o de comer en exceso. También funciona cuando se trata de obtener un trabajo, un ascenso.

Funciona cuando se trata de acabar con problemas de salud propios o ajenos.

Funciona para eliminar animosidades, hostilidades o roces —entre otros o entre usted y otros.

Funciona para acabar con problemas financieros, políticos, sociales. Todo cuanto necesita es desearlo sinceramente.

Un médico utiliza con éxito la energía de la conciencia en la terapia del cáncer

Una mujer tiene un cáncer extendido por todo el cuerpo. Le ha afectado al cerebro y a los huesos. No puede andar. Cuando trata de comer, se muerde la lengua por lo dañado que tiene el cerebro y el sistema nervioso. El doctor Carl Simonton describió recientemente este caso, uno de tantos, en una charla que dio en la Academia de Parapsicología y Medicina, destacando algunas de las técnicas en su experiencia como radiólogo en la Travis Air Force. Los resultados fueron de un mayor porcentaje de remisiones y de curaciones, y en un tiempo mucho menor.

La mujer se mostró dispuesta a cooperar y entusiasmada con la idea de colaborar en su curación, nos dice el doctor Simonton. Tenía una sólida formación religiosa y veía implicaciones espirituales en los métodos. Al cabo de una semana de aplicarlos podía andar ayudada y comer. Al cabo de dos semanas pudo prescindir de todas las medicinas para los dolores y se marchó a su casa.

«Fue una de las recuperaciones más dramáticas que he visto», recuerda el doctor Simonton. Y ha visto muchas en su práctica en Travis y en su consulta particular de Texas, donde reside actualmente.

Sin embargo, cuando aquella mujer se fue a su casa, estaba regresando a lo que le había provocado el cáncer. Era el suyo un matrimonio mal avenido, y los roces estaban a la orden del día.

Murió un mes más tarde.

He elegido este caso como introducción a la técnica del doctor Simonton para acabar con cualquier falsa esperanza, pues hay que entender primero las relaciones de causa y efecto entre la mente y el cuerpo. Estoy seguro de que el doctor Simonton incluye este caso entre los éxitos con los que ilustra sus charlas, por esas mismas razones.

Muchos casos quedan libres de la enfermedad. Al menos no se vuelven a presentar los síntomas. Él duda en utilizar la palabra «curación».

¿En qué consiste su técnica? Básicamente en esto:

1. Se le enseñan al paciente diapositivas de pacientes anteriores: antes y después de desaparecer la enfermedad. Esto ayuda a superar actitudes mentales de derrotismo y a establecer una actitud de optimismo y esperanza.
2. Se le enseña al paciente a relajarse utilizando el método antes descrito, y luego a ir a un «lugar mental tranquilo». Se le dice que lo haga tres veces durante quince minutos cada vez, por la mañana, a mediodía y por la noche.
3. Se le pide a la familia que haga otro tanto por su parte. (¿Eliminando así la causa?)
4. Una vez relajado, el paciente tiene que representarse su cáncer en la forma en que él lo «vea». Esto no tiene por qué coincidir ni parecerse a la anatomía normal. Cualquiera que sea la forma en que lo vea, en que se lo represente, sirve.
5. Luego, como último eslabón, ve funcionar el tratamiento. Si el tratamiento consiste en radiaciones, ve el rayo X de energía penetrar en su cuerpo, alcanzando a todas las células. Ve a las células normales reparar el daño, a las células cancerosas, incapaces de recuperarse, morir. Ve a los leucocitos de su sangre —el sistema defensivo del cuerpo— tomar y destruir las célullas cancerosas muertas y moribundas.

Y eso es todo. El paciente termina su relajación y representación mental y reanuda sus actividades normales.

¿Le suena familiar? Eso es utilizar el nivel alfa de la mente para activar la energía psicotrónica y ayudar a resolver sus problemas de salud.

Un médico está demostrando que es eficaz.

Es eficaz no solo con el cáncer. Actúa con cualquier anormalidad. La esperanza y la fe son factores esenciales. Tan esenciales como la relajación y el proceso de representación.

Funciona permanentemente solo si la causa original de la anormalidad es identificada, inhibida o eliminada. Un procedimiento igualmente eficaz como telón de fondo es hacer que toda la familia se relaje, visualice un lugar tranquilo y se represente la curación. Si tienen una actitud de «esto es ridículo» ante la relajación y visualización de la persona enferma, están, efectivamente, trabajando en contra de su curación. Con comprensión y colaboración, contribuyen a ella. Y además siempre existe la posibilidad de que la fricción de la familia sea la causa y que la relajación e imaginación positiva sean el antídoto.

El pequeño Peter L., de cuatro años, tenía un estómago grande. Los niños del jardín de infancia le llamaban gordo. Lo que no sabían era que padecía del riñón. Tenía el cuerpo repleto de toxinas. El médico dijo que era irreversible. Era simplemente cuestión de tiempo el que Peter tuviera que utilizar un riñón artificial periódicamente para el resto de su vida.

La madre de Peter conocía el poder de la mente. El autor le había enseñado a aplicar la energía psicotrónica en casos como este. Tenía que ir a su habitación especial, ver a su hijo y adentrarse en sus riñones avanzando por todas las células. También tenía que explicarle a Peter que imaginara que hacía eso mismo. «Recorre todos los rincones de tus riñones», instruyó a Peter, y el niño obedeció.

Al cabo de cuatro días el estómago de Peter estaba normal. El médico dijo que aquella remisión era inexplicable. Peter dijo: «Recorrí mis riñones de arriba abajo. Ya no estoy gordo».

Su madre me llamó y me dijo «Gracias». Le respondí: «Yo no he hecho nada. Usted y Peter lo hicieron».

Cómo ayudar psicotrónicamente a su cuerpo para corregir sus molestias

Allá por 1866, Mary Baker Eddy, a su vez curada por medios no tradicionales, fundó la Ciencia Cristiana. Basada metafísicamente en la total aceptación del concepto de perfección, se puede decir que la Ciencia Cristiana fue una de las primeras en utilizar el poder de la conciencia en una forma positiva, constructiva para mejorar la salud.

Hoy día, los científicos psicotrónicos, y, en cierto modo, el doctor Carl Simonson es uno de esos científicos, están descubriendo el valor de ese concepto de perfección. Se dan cuenta de que:

La imagen de la perfección, mantenida con confianza en el nivel relajado de la mente, tiene el poder de cambiar la imperfección.

Examinemos los componentes de la anterior afirmación:

Imagen.
Perfección.
Confianza.
Relajado.

Estos cuatro requisitos son igualmente esenciales. Sin cualquiera de ellos queda incompleta la fórmula de la autocuración.

¿Puede usted verse a sí mismo cuando cierra los ojos? ¿Puede verse libre de enfermedad, de anormalidad o de cualquier afección que padezca? ¿Tiene usted confianza en el poder de su mente para ponerlo enfermo o para ponerlo bien?

¿Es usted capaz de relajar su cuerpo y su mente profundamente mientras se representa a sí mismo perfectamente bien, con confianza?

Si ha respondido no a alguna de estas preguntas, entonces necesita trabajar en ello. He aquí algunos ejercicios que puede usted hacer. Lo primero: verse a sí mismo con los ojos cerrados.

Plan de actuación para visualizarse de forma más realista

Póngase en pie sin ropa ante un espejo. (La desnudez tiene que considerarse igual que la considera el médico.)
Mírese de pies a cabeza lentamente, empezando por el pelo.
Vea su peinado, las arrugas de su frente, la complexión de su rostro.
Vuelva a examinar y a redescubrir sus rasgos, su configuración física, sus virtudes y sus defectos hasta la punta de los pies.
Cierre los ojos y repase cuanto ha visto.
Repítalo varias veces.

Luego, también para verse a sí mismo perfectamente cuando tenga alguna dificultad para hacerlo, es útil tener una foto suya antes de que apareciera su problema físico. Si es un problema de sobrepeso, encuentre una foto suya cuando era más joven y más delgado. Si se trata de falta de energía, encuentre una foto suya de cuando era tan activo como ahora le gustaría ser. Si no tiene a mano una foto de esas, conjúrela con los ojos de la mente. Imagine que le toman una fotografía. Vea la foto imaginaria tal y como hubiera salido.

Aporte su fotografía, real o imaginada, al siguiente plan de actuación.

Plan de actuación para visualizarse tal y como le gustaría ser

Relájese en un asiento confortable.
Cierre los ojos y véase perfecto.
Mejore su concepto de perfección trayendo la foto, real o imaginada, a su campo de visión.
Abra los ojos sin interrumpir su relajación y vea o «vea» su foto.
Cierre los ojos y véase tan perfecto como en esa fotografía.
Repita varias veces.
Termine la relajación.

Ahora, si necesita reforzar su confianza, la repetición de afirmaciones positivas aumentará la fuerza de ese factor crítico.

Plan de actuación para reforzar la confianza
en su propia capacidad de mejorar su salud

Relájese profundamente.
Vaya a su «habitación especial».
Observe la claraboya encima de usted.
Sienta su unidad con el Universo.
Repítase varias veces mentalmente: «Formo uno con el universo perfecto. La salud es mi estado natural. Invito y acepto la salud perfecta. Mi mente es sierva de la perfección universal».
Termine la sesión. Repítala ocasionalmente.

Ahora ya está preparado para alcanzar la última etapa en su camino hacia la salud: una profunda relajación.

Cómo alcanzar un estado aún más profundo de relajación para un mayor poder psicotrónico

Algunas personas pueden relajarse a su antojo. A otras, la mera idea de relajarse les causa una tensión aún mayor.

El poder psicotrónico actúa mejor cuando se está real y verdaderamente relajado, cuando se está en el nivel alfa de la mente, que es de 7 a 14 pulsaciones eléctricas por segundo. A mitad de camino —diez pulsaciones y media— está también el punto medio entre 0 y 21, el punto más elevado para la mayoría de las personas. En ese punto medio, la mente parece acompasarse con los dos aspectos de su funcionamiento dual: físico y no físico.

El relajarse más profundamente de lo que usted lo hace normalmente en un Plan de actuación es dar pie a un mayor éxito. Incluso si cree que no tiene ningún problema en este aspecto, dedique unos momentos a mejorar en la siguiente forma.

Elija cinco de los siguientes métodos para aumentar la relajación, los cinco que le resulten más cómodos:

1. Apriete las mandíbulas. Déjelas sin apretar. Observe la sensación de alivio en ese momento. Tense los pies. Déjelos sueltos. Capte la sensación de dejarlos sueltos, vea en qué consiste exactamente. Extienda esa sensación por todo su cuerpo.
2. Mire un punto por encima de la línea normal de visión. Mantenga la cabeza derecha con los ojos vueltos hacia arriba. Cuando sienta la necesidad de parpadear, deje que se le cierren los ojos.

3. Respire hondo por tres veces. Al espirar la primera vez, imagine que es el final del día y que sienta bien relajarse; con la segunda espiración, sienta una oleada de relajación recorrer su cuerpo de la cabeza a los pies; con la tercera exhalación, siéntase mucho más pesado en el sillón.
4. Repita una y otra vez: «Soy más pesado cada vez cuando me abandono. Peso más y más al relajarme».
5. Repita una y otra vez: «Siento cada vez más sueño con cada instante que pasa».
6. Siéntese cómodamente con los ojos cerrados, fijándose en su respiración. Sepa que con cada inspiración rítmica se está relajando más y más profundamente.
7. Cuente hacia atrás de 25 a 1, sintiendo cómo se relaja más profundamente con cada número.
8. Imagine que está en el ascensor de una mina y que este desciende cada vez más a la mina.
9. Imagine que está en el último piso de unos grandes almacenes. El ascensor al bajar se detiene en cada piso y se oye una grabación anunciando qué hay en cada piso. Por último llega al sótano de las oportunidades.
10. Tome conciencia de su cuero cabelludo. Relaje todos los tejidos y los menores músculos. Haga lo mismo con la frente, los ojos, las mejillas, la mandíbula, la boca, el cuello, los hombros, los brazos, etc., hasta llegar a los dedos de los pies. Tómese el tiempo necesario.
11. Inspire profundamente, y al espirar, dese las instrucciones: «Relájate *ahora* más profundamente».
12. Imagínese que está en la cama. Está muy a gusto. Todo está en calma y silencioso. Está a punto de quedarse dormido.
13. Imagínese que se encuentra en un jardín. Está admirando las flores y los capullos. Coge uno con la mano. Hay en él una

gota de agua que refleja los colores del arco iris. Vea los colores, la belleza diamantina.
14. Imagínese que está tumbado en una playa, escuchando las olas, o en una pradera mirando el lento desfilar de las nubes blancas por el cielo.
15. Cuente lentamente hacia atrás, de 15 a 1. Deje pasar unos diez segundos entre cada número, sabiendo que cuando llegue el uno estará profundamente relajado.

Una vez haya elegido los cinco métodos que más le agraden —con los que se sienta más a gusto—, llévelos a cabo en el orden en que aparecen.

Quizá sea mejor que los escriba en cinco tarjetas numeradas adecuadamente, del uno al cinco. Puede abrir los ojos durante la sesión de relajación y mirar la tarjeta siguiente. No perturbará su relajación. O quizá tenga que memorizar un par de palabras para dar pie a los distintos pasos de la relajación —como «cuenta atrás» o «almacenes».

Todo ello forma parte de su preparación para este otro Plan de actuación en el que se tendrá que relajar más profunda y efectivamente. Un paso más en esta preparación consiste en elegir una palabra secreta que le servirá para dar pie a la relajación en el futuro.

Su palabra secreta actuará para desencadenar la misma relajación profunda que va a lograr ahora. No tendrá que volver a realizar todo este Plan de actuación. Todo cuanto tendrá que hacer es decir esa palabra secreta.

Esa palabra puede ser cualquiera, y ser tan breve como «ya», tan larga como la más complicada que conozca, tan corriente como «vamos», o tan complicada como «desoxirribonucleico». Si alguien se la dice, no tendrá ningún efecto. Pero si la dice usted, sí.

¿Tiene usted su palabra secreta? ¿Ha elegido los cinco pasos a dar? Entonces haga lo siguiente.

Plan de actuación para una relajación alfa instantánea

Siéntese cómodamente en un asiento de respaldo recto.
Proceda a seleccionar los cinco métodos en el orden enumerado. Cuando haya realizado el quinto...
Repítase mentalmente varias veces: «Puedo alcanzar ese estado de relajación profunda y saludable en cualquier momento del futuro, con solo decir esta palabra» (diga mentalmente su palabra secreta).
Recuérdese a sí mismo que cuando cuente hasta tres se sentirá plenamente despierto, lleno de energía y sintiéndose perfectamente bien y con entusiasmo.
Cuente hasta tres.
Abra los ojos.

Autocuración con el poder psicotrónico

Con su aumentada facultad para imaginarse a sí mismo perfectamente mientras se encuentra profundamente relajado y en extremo confiado, ya está preparado para centrar su propia energía de conciencia para corregir las anormalidades de salud de su cuerpo.
Algunos ven esto como una especie de meditación.
Otros lo ven como parecido a una oración.
No les lleve la contraria.
No sabemos lo suficiente de lo que llamamos energía psicotrónica o de la efectividad de la oración para decir si son mutuamente inclusivas o mutuamente exclusivas.
En este punto de su evolución, el hombre necesita tener abiertas todas las puertas filosóficas y espirituales.
Tiene sus ventajas considerar a esa curación psicotrónica relacionada con la curación espiritual u oración. Estos conceptos son más

universales. Al aceptar un concepto que reconoce su participación en algo mayor que usted, se «conecta» automáticamente con el Generador Universal Psicotrónico.

Usted ha trabajado mucho para llegar a este punto. Se ha ganado un Plan de actuación más sencillo.

Plan de actuación para curarse a sí mismo

Vaya a su «habitación especial», bajo la claraboya.
Diga su palabra secreta y relájese profundamente.
Invítese a sí mismo a su habitación como si tuviera otro yo.
Vea el problema físico.
Corrija el problema físico con las manos, reparando, cosiendo, normalizando, utilizando antigérmenes imaginarios, reductores de tumores, normalizadores de la tensión sanguínea, o cualquier remedio que pueda inventar mentalmente para curarlo.
Imagínese a sí mismo perfectamente bien, manteniendo esa imagen durante al menos un minuto.
Termine la sesión sabiendo que se ha activado su curación.
Prepárese para aceptarlo.

Es usted una persona diferente, físicamente, con cada segundo que pasa. Unas células están sustituyendo a las células muertas o enfermas. Después de este Plan de actuación, nacen nuevas células para componer su imagen de perfección.

A Bernard R. le dijo su médico que tenía una hernia —una abertura en la pared abdominal por la que se introduciría su intestino y quedaría cogido—. De momento lo único que se podía hacer era un atado, pero le dijo que la única solución era operar.

Bernard decidió que ayudaría a su cuerpo a corregir esa anormalidad. Todas las noches realizaba el anterior Plan de actuación.

Levantó sus intestinos y cerró el agujero abdominal. «Aplicó» un agente endurecedor y fortalecedor de la pared abdominal. Tardó tan solo un minuto, antes de quedarse dormido.

Al cabo de tres meses volvió al médico a hacerse una revisión. El doctor quedó sorprendido. «Aún está ahí —dijo—, pero no ha habido progresión. La verdad es que parece incluso mejor.»

Bernard guardó su secreto. ¿Para qué hacer que la conciencia de otra persona actuara enfrentándose a la suya? Dio las gracias al médico y se fue. Ahora, un año después, su enfermedad ha mejorado aún más y ya no se plantea la cuestión de la operación.

Sus ojos como vehículo de energía curativa

En el anterior Plan de actuación utilizó usted las manos y su facultad de visualizar.

Los ojos son un camino de dos direcciones de la energía psicotrónica. Sin embargo, al igual que interferimos mentalmente en la corriente de energía psicotrónica con pensamientos y actitudes negativos, también interferimos en el funcionamiento psicotrónico de nuestros ojos.

El Environmental Health and Light Research Institute (Instituto para la Investigación de la Salud y de la Luz del Entorno], de Saratoga (Florida), dirigido por el doctor John Ott, se dedica a la promoción del cristal con el espectro completo. El vidrio normal corta la luz ultravioleta. Los cristales de gafas normales, los de las ventanas y los de las bombillas y tubos fluorescentes, detienen partes del espectro de la luz. La luz deja de ser natural. Pero ahora los científicos se están dando cuenta de que el cuerpo necesita todos los colores que proporciona la naturaleza.

La American Society of Photobiology, en la Stanford School de medicina, dirigida por el doctor Kendrie Smith, confirma los beneficios que proporciona a la salud el espectro completo de la luz natural.

Un psiquiatra, el doctor H. L. Newbold, cree que la Food and Drug Administration debería ocuparse de los productos de vidrio que privan a nuestros ojos del alimento que transmiten a nuestro cuerpo a través de la luz natural.

Aparentemente, el espectro luminoso completo estimula el nervio óptico que envía estímulos al hipotálamo. A partir de ahí los impulsos se dirigen a la glándula pituitaria. Ambas glándulas tienen un efecto notable sobre todas las demás glándulas que regulan el cuerpo.

La energía luminosa y la energía psicotrónica no son lo mismo, pero están íntimamente relacionadas. Luz y entendimiento.

He aquí un Plan de actuación para lograr que la energía luminosa trabaje para usted a través de los canales psicotrónicos de los ojos. Se realiza en un día soleado y claro.

Plan de actuación para utilizar con fines de salud la energía solar

Siéntese de espaldas al sol bajo la luz solar directa con los ojos cerrados. No lleve gafas de sol o cualquier otro tipo de gafas.

Imagine que el sol fluye por su cuerpo desde la coronilla hasta los pies, sabiendo, al hacerlo, que todas las células de su cuerpo se beneficiarán instantáneamente.

Abra bien los ojos y ciérrelos inmediatamente varias veces.

Sienta el resplandor del sol fluyendo por su nuca y saliendo por sus ojos, dando energía a cuanto ve, beneficiando a todo aquello que alcanza su vista.

Termine la sesión.

7
Alcance un universo de energía psicotrónica para hacer que los demás trabajen para usted

En este capítulo adquirirá la llave que cambia el fracaso en éxito, con su poder psicotrónico: sabrá cómo hacer que todo le salga bien; cómo pasar de ser un seguidor aburrido a ser un líder entusiasta. Durante el proceso, el mundo entero parece trabajar para usted; y la razón está en que ¡así lo hace! Para que esto se realice plenamente, tiene que tomar nota con sumo cuidado de las instrucciones acerca de cómo protegerse a sí mismo del ataque de otros y cómo ganar en situaciones muy competitivas.

Rolling Thunder, líder espiritual de la tribu Shoshone, está describiendo su método para acabar con las sequías. Dicen testigos presenciales que lo han visto llamar a la lluvia y a la tormenta y provocarlas a su antojo, curar enfermedades y sanar heridas. Les dice a sus oyentes cómo utiliza su conciencia para lograrlo. Rolling Thunder habla de las energías del Universo que trabajan junto con su energía.

Con Rolling Thunder comparten el estrado de los oradores los doctores Roy Menninger, Elmer Green, Carl Simonton, el rabino Herbert Weiner y el doctor William McGarey, por nombrar unos cuantos, todos estudiosos del *biofeedback,* de la psicotrónica, del misticismo espiritual y de la obra sobre curación psíquica del fallecido Edgard Cayce.

Puede decirse que la humanidad ya es capaz de compartir estas numerosas aproximaciones a la salud total: bioenergética, interacción mente/cuerpo, estados alterados de conciencia, acupuntura y diagnóstico psíquico, sin que un practicante ortodoxo se ponga lívido al oír a otro practicante contradecir todo el conocimiento «estándar» que tanto dinero y tantos años de sacrificios costó aprender.

El hombre está creciendo. Está alcanzando la suficiente madurez para entender este poder real: el poder psicotrónico.

Hay un pájaro en las islas Galápagos que utiliza un instrumento. Ese tordo no tiene el pico lo bastante largo como para llegar al fondo de los agujeros hechos por las orugas en los leños, por lo que parte una ramita, la sujeta con el pico y la utiliza para sacar las larvas. Ese es uno de los escasos ejemplos de utilización de una herramienta, por parte de un animal que no sea el hombre, de que tenemos conocimiento. La supervivencia es la madre de la invención.

Para sobrevivir, el hombre tendrá ahora que entender su poder psicotrónico porque será el instrumento clave en esta etapa de su evolución. Aquellos que no aprendan a utilizar este instrumento estarán en clara desventaja. Aquellos que aprendan a utilizarlo, pero que hagan mal uso de él, estarán en desventaja parcial. Aquellos que aprendan a utilizarlo con discernimiento y propiedad serán los privilegiados y aventajados.

Cómo utilizar el poder psicotrónico para no herir a los demás

La clave de la comprensión de su poder psicotrónico y de su utilización, de tal manera que haga de usted una persona privilegiada, reside en su aceptación de un hecho vital: su supervivencia no debe estar a expensas de otra vida humana. Si utiliza el poder psicotrónico para ayudarse a sí mismo en detrimento de otros, usted sale perdiendo. Si utiliza su poder psicotrónico para ayudarse a sí mismo al tiempo que ayuda a otros, entonces tiene todas las de ganar.

Esto no es ninguna moraleja, es energía en marcha. Añada energía suplementaria ante la misma cantidad de energía negativa y el total será cero: no habrá resultado. La razón de esto es que en realidad no estamos tan separados como parecen indicar nuestros cuerpos separados. Formamos parte de toda la conciencia, de toda la vida, de toda la energía psicotrónica.

No, no estamos moralizando, pero el resultado es el mismo. Lo que los dirigentes espirituales llevan milenios enseñando intuitivamente o por escrito, los científicos están demostrando ahora que es válido. Utilice su energía psicotrónica para beneficio de otros y de sí mismo y conviértase en una persona privilegiada.

La conciencia universal: ciencia o religión

Hay otro hecho vital: el camino que elige para su supervivencia es más llano cuando coincide con el «camino» o propósito universal.

Uri Geller, el hombre capaz de doblar tenedores y de hacer que vuelvan a andar relojes estropeados —todo ello con el poder de su mente—, no siempre puede lograrlo cuando quiere, con frecuencia tiene que esperar hasta sentir que ha llegado el momento. Es como si tuviera que contar con el asentimiento de una conciencia por encima de la suya.

El doctor Edgar Mitchell, director del Institute of Noetic Science e investigador del Stanford Research Institute, dice que hay hoy una evidencia científica que apunta a cualidades o propiedades del espacio, como el «consentimiento».

Es particularmente revelador que el doctor Mitchell, el sexto hombre en pisar la Luna, esté actualmente explorando la conciencia. El espacio externo quizá encierre muchas sorpresas. Pero el espacio interno sigue acaparando la atención.

Ciertas personas capaces de profundizar en el espacio interno han podido predecir lo que nos depara el espacio externo. Estas predicciones han sido avaladas por subsiguientes visiones del lado oculto de la Luna y por estudios de Marte. Quizá se descubra vida en Marte o en otro planeta. Pero acabamos de empezar a descubrir la verdadera naturaleza de la vida en la Tierra.

Los científicos están descubriendo que usted tiene en su mano los medios de crear cambios en las formas materiales con solo quererlo. Están descubriendo evidencia de una energía asociada con la conciencia, que ignora el tiempo y el espacio y que realiza lo que usted hasta ahora creía que era imposible.

Puede que pasen años antes de que sepamos toda la historia. Los científicos de los años 60 ni siquiera se comunicaban entre sí lo que iban descubriendo. Cuando yo estudiaba en el Instituto de Tecnología de Massachusetts, en los años 30, ingenuamente interesado por las fronteras de la mente, no había ningún profesor y apenas unos cuantos alumnos con los que hablase que estuvieran interesados por la mente como área de exploración potencial.

Hoy día se abren los ojos de los científicos y se les abre la boca ante lo que ven en los laboratorios. Y están empezando a hablar de ello.

Parece como si la ciencia se acercara a las áreas ocultas. Y así es en verdad. Y está acabando con esa «tierra de nadie» que separaba a la ciencia de la religión. Esto es importante para nosotros al llegar a este punto de nuestra utilización del poder psicotrónico, según vamos a ver.

Cuando usted trata de influir en otras personas, está manejando otras unidades de conciencia, que, como usted, forman parte de la Conciencia Universal.

Cuando un sanador como Rolling Thunder evoca una curación, está obteniendo ayuda de una energía de conciencia externa a la suya. Cuando un cristiano le reza a Jesús, le llega ayuda. Cuando un *kahuna* hawaiano clama a los dioses antiguos y a su *aumakua* (su Yo más elevado), se escucha su clamor.

La conciencia está en contacto con todas sus partes, todo el tiempo. Para el religioso, Dios está siempre con nosotros; para el científico, la energía de conciencia nos rodea; para una persona laica como, digamos, Ethel Waters, «Su Ojo está sobre el Gorrión».

Para usted, interesado en mejorar su vida, mejorará su vida cuando mejore cualquier vida. Comprenda esto y los cables que le unen al Generador Psicotrónico Universal se convertirán en algo tan fuerte que soportará cualquier peso que usted quiera.

Cómo hacer que las personas para quienes trabaja trabajen para usted

Albert B. trabajaba en un equipo de educación. Hacía comunicados, escribía un boletín informativo y cualquier folleto o noticia que le dieran el superintendente o los directores del colegio. Era un trabajo fácil, pero no bien pagado, y Albert necesitaba más dinero. Por eso no estaba contento con él.

Decidió utilizar su poder psicotrónico para acelerar un cambio y mejorar. Se sumió en su nivel relajado o alfa y «se vio» a sí mismo haciendo más de lo que le pedían. Se «vio» ampliando los comunicados con cartas, recados y relatos de acontecimientos de la comunidad «más allá de donde le reclamaba el deber».

Inmediatamente, a través de sus contactos con la escuela en su trabajo, empezaron a ocurrírsele nuevas ideas para actividades complementarias. Cada vez que proponía una idea de una de esas nuevas actividades, se la acogían con entusiasmo. Una y otra vez lo animaron a seguir adelante. Creció el apoyo de la comunidad al sistema del colegio. Albert empezó a escuchar alabanzas sobre su actuación. Pronto comenzaron a llamarle los superintendentes de los colegios de los alrededores. ¿Podía trabajar Albert para ellos también? No había nada en su contrato de trabajo que se lo impidiera. Dos años más tarde, Albert estaba trabajando para seis equipos de educación. Se sentía feliz, más lleno de energía: entusiasmado. Trabajaba muchísimo más, pero ¡quién no lo haría por un sueldo seis veces mayor! Equipos educacionales, superintendentes de colegios y demás educadores solicitaban su consejo.

La clave es que antes Albert tenía que acatar órdenes, y decidió cambiar la situación para convertirse él en jefe.

Si hace usted un trabajo que le limita, puede romper esos límites —financieramente, creativamente, socialmente—. Quizá tenga que trabajar más, pero se sentirá como si tuviera menos trabajo. He aquí cómo.

Plan de actuación para convertirse de subordinado en jefe

Vaya a su «habitación especial».

Véase arrastrado por su trabajo rutinario haciendo lo que se le dice que tiene que hacer.

Añada alguna escena extra. Véase a sí mismo haciendo algo que cree que debe hacerse para mejorar la productividad o eficacia. Véase dedicando más tiempo o energía para hacer el trabajo debido a su iniciativa.

Traiga a su superior inmediato a escena y explíquele las ventajas. Hable con las manos. Señale los aspectos visuales. Espere confiado una respuesta positiva, agradable. Ya llega.

Discuta la actividad con colegas y demás personas involucradas. Vuelva a utilizar las manos y a dar énfasis a los aspectos visuales. Vea en ellos una respuesta semejante.

Repita el «paso adelante» anterior, volviendo a verse haciendo esa función extra. Vea un calendario con la fecha de mañana, o con la fecha en que quiera comenzar, y un reloj señalando la hora en que lo hará.

Termine la sesión sintiendo que han desaparecido las ataduras que le limitaban y que, a cambio de eso, tiene las riendas en la mano.

Es este un Plan de actuación que, cuando se repite, se convierte en un empujón seguro para ascender por la escala de la organización. Al activarse a sí mismo para dar un paso adelante en la rutina requerida, y al activar a los demás para que entiendan su deseo de beneficiar a la empresa y, por tanto, a ellos, se convierte en un jefe irresistible. La gente se hace a un lado para dejarlo pasar. Los obstruccionistas competitivos u hostiles no se materializan; al contrario, la gente parece solidarizarse con usted, e incluso trabaja para usted.

El escenario universitario es competitivo. Esto deja de lado a muchos estudiantes que no están preparados para la competición. Incluso estudiantes muy inteligentes fallan por el lado académico.

Trudy R. tenía dificultades en la facultad. Sacaba aprobados y suspensos —con una media de 2,3—. Estaba desilusionada y se sentía incapaz de seguir las explicaciones de profesores o de libros y se ponía muy nerviosa con los exámenes.

Sin embargo, Trudy era una persona brillante. Comprendía a la gente, incluso a sí misma. Decidió que ya era hora de tomar en serio su propia conciencia. Utilizó varios procedimientos que se ofrecen en este libro para relajarse e imaginó su «habitación especial» para programar su propia energía de conciencia. Se «vio» disfrutando de su trabajo en la facultad, confiada con los exámenes y sacando notas altas.

Empezó a tomarse más interés en los estudios. Los exámenes resultaban divertidos. No le costaba esfuerzo concentrarse. Al semestre siguiente sacó una media de 4 sin «empollar» y sin demasiado esfuerzo mental.

Algo había ocurrido en la *cabeza* de Trudy. Pero algo igualmente importante también ocurrió en el *mundo* de Trudy. Sus profesores eran más amables, más comprensivos, estaban más dispuestos a ayudar. Ellos también habían cambiado. Era como si algo superior a Trudy y a la facultad hubiera entrado en escena.

Cómo lograr ayuda de fuerzas invisibles

Hemos nacido en este mundo. Venimos de alguna parte. De recién nacidos, nuestra mente parece «no estar aún en este mundo». El doctor nos da un azote y lloramos. Eso sí es de este mundo. Pero tenemos los ojos cerrados y no reaccionamos a las luces, a los sonidos, al tacto y a los olores: dormimos.

Luego, gradualmente, empezamos a despertar. «Ha sonreído.» «Ha dicho ma-ma.» «Me ha cogido la mano.»

Empezamos a orientarnos en el mundo. Nuestra mente se va dando cuenta de nuestros cinco sentidos. Empezamos a percibir este planeta, este mundo físico donde vivimos, con nuestros sentidos. De hecho vamos emergiendo cada vez más completamente al mundo de los sentidos, dedicando cada vez más atención a aprender a dominar el mundo físico. Durante ese proceso, dejamos atrás otro reino.

En realidad, nuestra mente nunca ha dejado ese otro reino. Lo que ocurre es que está obsesionada con nuestra supervivencia en este mundo de los sentidos, que parece ser el único mundo. En cuanto nuestra mente «recuerda» el otro reino del que procede, es capaz de funcionar en este ámbito también. Es como recordar que no somos solo ciudadanos de este mundo material, sino que también somos ciudadanos de un mundo no material o espiritual.

Como ciudadanos del mundo no material, somos capaces de utilizar nuestra mente en formas que trascienden las limitadas actividades sensoriales que monopolizan nuestras vidas en este mundo físico. Como ciudadanos del mundo no material, podemos utilizar nuestras mentes de formas que nos permiten cambiar las condiciones del mundo físico: sin esfuerzo.

Parece como si dentro de ese mundo no material estuviera el cianotipo de este mundo físico. Al entrar en un nivel profundo (relajado) de la mente, contactamos con ese mundo no material. En él podemos desembarazarnos del lastre del tiempo y del espacio. Podemos ir instantáneamente a cualquier lugar y darnos cuenta de lo que está ocurriendo en él... con solo querer saberlo.

También podemos estar en cualquier punto del tiempo, pasado o futuro, instantáneamente, y darnos cuenta de lo que está ocurriendo —con solo querer saberlo—. Cuando ya lo sabemos, puede que queramos cambiar algo. Entonces visualizamos ese cambio. ¡Y he aquí que se cumple!

En un próximo capítulo veremos unos planes de actuación progresivos para detectar acontecimientos futuros. Mientras, nuestro interés reside en lograr que lo que llamamos fuerzas ocultas consientan en ayudarnos. Son los poderes de la conciencia, y, por tanto, no están sometidos al tiempo y al espacio del mundo físico. Sin embargo, son energía que trabaja, energía psicotrónica.

Estos son los poderes ocultos que se alcanzan con la oración, se evocan con cánticos y se desencadenan con la afirmación. Pero cuando usted utiliza su energía psicotrónica para entrar en contacto con esos poderes, lo que hace es «hablar su mismo lenguaje».

En el siguiente Plan de actuación utilizará su relajación profunda (alfa), su lugar especial bajo la claraboya y su relación con el universo para lograr la ayuda de los poderes ocultos que moverán a las demás personas a colaborar con usted. Cuanto más válido sea el propósito —y la validez se mide en términos de supervivencia y mejoría de los más— tanto más éxito tendrá usted en este Plan de actuación para forjar el consentimiento de esos poderes ocultos.

Esa conciencia universal donde residen los poderes ocultos conoce su sinceridad. No valen trampas. Quizá en las relaciones públicas le sirva de algo dar la imagen de una buena persona. Pero para las relaciones cósmicas, *tiene que* ser buena persona.

Plan de actuación para contar con el apoyo de las fuerzas ocultas

Vaya a su «habitación especial», bajo la claraboya.

Sienta la inmensidad del universo, piense en los miles de millones de estrellas que hay en una galaxia, y en los miles de millones de galaxias.

Sienta temor, respeto y, sin embargo, amor por el inmenso universo del que forma parte.

Solicite permiso para hablar con la conciencia universal que llena todo el espacio.

Espere hasta sentir que le han dado luz verde. Puede ser cuestión de un instante o tardar un minuto.

Exponga su problema.

Pida ayuda, terminando «... si esa es la voluntad de la conciencia universal».

Termine la sesión.

Algunos de los problemas para los que es apropiada esta sesión, son:

- Controversias laborales en las que no se trata de saber quién tiene razón, sino qué es lo que más conviene.
- Situaciones penales o judiciales en las que se necesita que prevalezca la justicia.

- Problemas de asociaciones, iglesias o de grupos en los que las disidencias interfieren con la buena marcha.
- Relaciones personales con vecinos, colegas, amigos, parientes, en donde se requiera cooperación.
- Una relación individual en la que la persona desempeñe un papel clave en su vida, ejerciendo influencia sobre otros.

Algunos ejemplos de situaciones apropiadas o inapropiadas para este Plan de actuación pueden ayudar a aplicarlo adecuadamente.

Mal: Lograr que voten por usted o por su candidato.
Bien: Lograr que la gente vote por el mejor candidato.
Mal: Dejar de tomar una decisión delicada.
Bien: Dar con una decisión sensata.
Mal: Obligar a la gente a hacer su voluntad.
Bien: Lograr el apoyo y el entusiasmo de la gente para hacer lo mejor.

Si utiliza este Plan de actuación siguiendo los principios anteriores, logrará que los poderes ocultos le ayuden a:

- Obtener algo por nada.
- Desvanecer malas influencias.
- Paralizar a la gente que trate de hundirlo.
- Hacer nuevos amigos, dispuestos a ayudarle de muchas formas.
- Contar con el apoyo de otros para alcanzar sus fines personales.

Stanley A. se fue de su pueblo porque la gente era cerrada y nada sociable. Resultaba difícil introducirse en aquellos círculos tan cerrados. Sin embargo, cuando llegó a su nueva casa, a unos veinte kilómetros de allí, se encontró con la misma situación. Al cabo de un año de no haber llegado a ninguna parte en sus esfuerzos por entrar en las actividades cívicas, políticas o sociales en vano, se dijo que la solución no estaba en volverse a trasladar, sino que lo que tenía que hacer era cambiar su propia conciencia para efectuar un cambio.

Utilizó la relajación y la imaginería para verse competente y compartiendo esa competencia con otros. Luego solicitó ayuda de los poderes ocultos en la conciencia universal, tal y como se describe en el anterior Plan de actuación.

Poco después se habían realizado los tres acontecimientos siguientes:

1. Firmó en la esquina de una calle una petición para obtener un candidato independiente para la alcaldía y le pidieron que se presentara a uno de los puestos que salían a elección.
2. Trabó conversación con una joven sentada a su lado en la barra de una cafetería. Resultó que editaba el semanario local y se iba de la ciudad, por lo que le preguntó si le interesaría el trabajo en horas extras. Obtuvo el puesto.
3. Cuando se hallaba comprando un regalo para su mujer por su cumpleaños, se puso a hablar con la dueña de la tienda sobre salud mental. Precisamente estaba montando una clínica. Stanley se convirtió en director administrativo.

No salió elegido en la votación, pero ganó muchos amigos y, a través de su actividad tanto como editor del semanario local como por su trabajo en la clínica mental, se convirtió en figura clave de la comunidad. Todo aquello era muy satisfactorio, pero sabía que aquel éxito repentino no se debía a él solo.

Había conseguido ayuda «de fuera».

Cómo protegerse de las fuerzas ocultas desatadas para atraparle

Cuando Hitler pegaba esvásticas en las fotografías de edificios situados en las principales calles de capitales europeas que planeaba conquistar, no solo estaba desencadenando sus propios poderes psicotrónicos para que reunieran en torno a él las fuerzas necesarias, sino que, al mismo tiempo, creaba en el otro lado la debilidad necesaria para cumplir sus propósitos.

Luego, por un efecto de *boomerang,* todo se volvió contra él, porque lo que perseguía na era el bien común. Pero entretanto murieron millones de personas. Se hizo mucho daño antes de que volviera el *boomerang.*

En Haití, las artes vudú se han utilizado persiguiendo fines individuales, casi siempre sin pensar en si estaba bien. El doctor brujo del vudú creaba una muñeca con sus manos, la veía como a la víctima que se disponía a matar, le clavaba alfileres, y mediante la utilización de sus manos y ojos enfocaba la energía psicotrónica para hacer daño, o incluso destruir a esa persona.

Durante muchos años, los *kahunas,* o santones hawaianos, tenían que actuar en secreto porque, ellos también, se tomaban la justicia por su mano y decidían cuándo había de morir una persona. El «desear la muerte» por los kahunas ha enviado a numerosas víctimas al hospital con una parálisis progresiva que los médicos se veían en la imposibilidad de detener y que llegaba a paralizar los pulmones y el corazón. Se dice que se lograba requiriendo ayuda de algún alma que acababa de partir y que aún estaba confundida para discernir el mal y el bien.

El fallecido presidente del Chad, un país que se extiende desde el Sáhara libio hacia el sur, hasta las espesas selvas del África ecuatorial, mantuvo su territorio bajo las garras de la brujería durante años. Ngarta Tombalbaye no solo hacía someterse a sus súbditos a ceremonias rituales para mantenerlos a raya, sino que se dice también que importó brujos de Haití y que consiguió ayuda de poderes ocultos en el mundo espiritual para perpetuar su poder.

El poder psicotrónico utilizado contra las personas se vuelve contra uno como un *boomerang*. Hubo numerosas rebeliones, y Tombalbaye cayó de un disparo procedente de su propio ejército. Muchas personas que tienen intenciones hostiles están, sin saberlo, utilizando el poder psicotrónico para hacer el mal y atraerse a los poderes ocultos que se conectan en ese nivel de conciencia, para que les ayuden a causar perjuicio.

La persona que tiene la facultad de utilizar el poder psicotrónico para hacer el bien, como se prescribe en este libro, tiene que conocer también sus utilizaciones protectoras. Cualquier sentimiento hostil o pensamiento crítico dirigido contra usted es un proyectil. Su efecto puede ser tan nimio como el del corcho de una escopeta de juguete, o tan mortal como el plomo de una ametralladora. Depende de la energía psicotrónica del remitente.

He aquí cómo protegerse a sí mismo.

Plan de actuación para protegerse contra un ataque psicotrónico

Relájese dondequiera que se encuentre cuando sienta necesidad de protección, con los ojos cerrados.

Cree una esfera de plástico alrededor de usted.

Véala con sus ojos.

Siéntala con las manos. Es transparente. Puede entrar la energía de la luz. Sin embargo, está polarizada de tal forma que solo puede entrar por ella la energía psicotrónica positiva. Los pensamientos negativos rebotan sobre ella y vuelven hacia su emisor.

Abra los ojos, sabiéndose protegido contra ataques psíquicos o psicológicos.

Cómo utilizar el poder psicotrónico en situaciones competitivas

La vida no siempre dispone que la gente trabaje de parte suya —junto a usted o para usted—. No puede esperar que un vendedor que le hace la competencia, le venda su producto; ni tampoco puede esperar que los del equipo contrario apoyen a su equipo.

Sin embargo, existen formas efectivas de «comerle» la psique a su oponente. Un jugador de tenis internacionalmente conocido, suele montar una escena de malhumor o de rabieta para atraer la atención de los espectadores. Esa atención a una sola parte lo refuerza, «secando» a su oponente.

En octubre de 1975, un equipo de fútbol que no había ganado un solo partido en lo que iba de temporada, jugaba contra un equipo que había ganado hasta entonces todos los partidos. El siempre vencido Kansas City Chiefs recibía en su campo al imbatido Oakland Raiders. Durante varios días antes del partido, los jugadores del débil Chiefs desarrollaron un sentido de unidad en el equipo. Jugadores que hasta entonces solo habían hablado de fútbol, extendieron su compañerismo y estrecharon su amistad. En aquel breve espacio de tiempo se convirtieron en un equipo enmarcado por los límites de la auténtica amistad, del respeto mutuo y del afecto.

El entrenador, Paul Wiggin, alimentaba aquel sentimiento de unidad. Momentos antes del encuentro, los Chiefs se pusieron a bailar llenos de júbilo y a abrazarse como si ya hubieran ganado el partido.

Y efectivamente, lo tenían ganado. No hay poder más grande que el poder psicotrónico. Cuando terminó el primer tiempo, los Chiefs ganaban por el sorprendente resultado de 21-3, confundiendo a todos los expertos. La multitud ovacionó a los Chiefs, y fue la primera ovación de las muchas en que los 60.000 espectadores se ponían en pie para aclamar al equipo.

Naturalmente, aquella energía psicotrónica extra por parte del público ayudó también a los Chiefs. ¡Ganarón por 42-10!

«Ya sé que parecerá una tontería —declaraba luego Wiggin a la prensa—, pero el afecto contribuyó hoy a nuestro éxito.»

En el encuentro, los Raiders fallaron tres intentos y les interceptaron tres pases. Los Chiefs no fallaron ninguno, y solo les interceptaron un pase. Fue como si la elevada moral de los Chiefs minara la moral de los Raiders.

El amor, la moral, el entusiasmo, el optimismo, todo ello crea un estado particular de conciencia—. Ese estado puede ser de vencedor o de vencido. Una elevada energía psicotrónica para ganar o para perder. La elección es del equipo. Los Chiefs eligieron ganar. Forjaron energía psicotrónica con amor y entusiasmo.

Los equipos —ya sean atléticos o de trabajo, sociales o religiosos, educativos o políticos— pueden formar su energía psicotrónica para ganar con resultados espectaculares.

Es preciso que una persona del equipo desencadene la acción. Puede ser usted. He aquí cómo.

Plan de actuación para encender la chispa
del poder psicotrónico y vencer

Vaya a su «habitación especial».

Llame a su «habitación» a todos los componentes del equipo, uno tras otro.

Hable de lo que quiere que suceda, de cómo un afectuoso sentimiento de unidad puede ayudar a cada miembro del equipo.

Mire a cada uno directamente a los ojos mientras expresa su admiración y repite que los demás sienten una estima semejante por esa persona.

Utilice las manos, tomando la mano de la persona, dándole palmaditas en la espalda, abrazándola, etc.

Llame a todo el grupo junto a su «habitación» y sugiera una reunión para tomar café, por ejemplo. Vea cómo se entusiasman con esa idea.

Un par de días después de realizar el anterior Plan de actuación, discuta lo de la reunión con una o dos personas del grupo que parecen haber respondido positivamente a su esfuerzo psicotrónico. Haga que se unan a usted para proponer y llevar a cabo la reunión.

Deje entonces que la reunión sea el inicio de un nuevo sentimiento de trabajo en equipo y de franca colaboración. Cante, afirme, anime a que *venza* el poder psicotrónico.

Si el grupo parece receptivo, en un momento de silencio cuando esté reunido, arriésguese y haga su proposición. Es probable que su Plan de actuación haya preparado el camino. Si es así, he aquí cómo proceder.

Plan de actuación en grupo para lograr la victoria

Coloquen unas sillas en círculo.
Siéntense, con las manos unidas, y los ojos cerrados, relajados.
Sientan su unión, su unicidad, su respeto mutuo.
Vean al grupo trabajando unido. Cada uno visualiza al grupo cooperando en armonía y con eficacia, con eficiencia y con éxito.
Terminen después de haber afirmado —afirmación positiva que hará al grupo alcanzar su meta— juntos su fe y su entusiasmo.

Cómo los grupos trabajan contra sí mismos y cómo invertir el proceso de fracaso

El doctor Norman Vincent Peale provocó una forma de pensar positiva en la conciencia de millones de personas. El doctor Maxwell Maltz introdujo la propia imagen en aún más millones de conciencias. Combine ambos conceptos y obtendrá un resultado poderoso: el pensamiento positivo sobre sus facultades ilimitadas.

Si los individuos tuvieran este concepto resultante tan arraigado como una forma de conciencia, generarían energía psicotrónica en cantidades varias veces superiores a lo normal.

En una entrevista recientemente publicada, el doctor Alíen Fay, psiquiatra neoyorquino de la Mt. Sinai School of Medicine, afirmó que cuando las personas se envían a sí mismas mensajes negativos, su vida es un desastre y nada pueden hacer, se les escapan de las manos las riendas de la vida. Cuando empiezan a darse cuenta de que no son criaturas de las circunstancias, sino que ellas las crean, entonces toman las riendas de su vida.

Los grupos son culpables del mismo tipo de pensamientos derrotistas que los individuos. Pero los grupos obtienen resultados aún más espectaculares. La razón estriba en que el poder psicotrónico crece en proporción geométrica. Dos conciencias negativas generan no el doble de fracaso psicotrónico, sino cuatro veces más. Tres, nueve veces; cuatro, dieciséis veces; siempre es el cuadrado.

No es de extrañar que los ejecutivos de las corporaciones estudien la curva del negocio un día tras otro. Un descenso indica una perturbación doble, no solo por causas externas, sino por un componente de causas internas que quizá sea más difícil de enmendar. Se puede invertir un descenso. Se puede hacer que la energía psicotrónica desencadene la dinámica de un grupo y convierta cualquier estado de depresión en una riada de prosperidad.

El Plan de actuación de grupo previo puede adaptarse para convenir a cualquier situación adversa. Usted, lector, tiene que empezar la «actuación». Los otros le secundarán, dándose a conocer por sus actitudes, animadas por su energía psicotrónica y expresadas a través de sus palabras o acciones.

A partir de ese momento aumenta progresivamente al «convertirse» más y más gente. Aumenta al cuadrado las cifras en cuestión. Lo que días antes era tónica de desilusión y de fracaso, se convierte en exuberancia vital que no aceptará nada que no sea un éxito sonado.

Esto no es nuevo. Ocurre todos los días. También deja de ocurrir todos los días. Pero que ocurra o no, no es cuestión de suerte. Depende de usted, de la aplicación de su poder psicotrónico. Usted tiene el control.

8
La mente por encima del dinero... Convierta el poder psicotrónico en poder monetario

En este capítulo aprenderá a utilizar el nivel alfa (relajado) de la mente para provocar una fuente de dinero inagotable en su vida. Trabaja la energía psicotrónica y por ello el dinero puede venir de muchas direcciones diversas. Aprenderá a centrar esa energía en su negocio y así dar lugar a una mejoría segura e ilimitada, para ascender por la escala de los negocios tan alto como desee llegar, para producir nuevas fuentes de ingresos, tantas como quiera. Por último, aprenderá a obtener información susceptible de hacer que duplique o triplique su riqueza.

Un hombre de Nueva Orleans tenía la extraña habilidad de predecir los valores de la Bolsa, las subidas o bajadas de precio de las mercancías, y las inversiones que resultarían provechosas. Ron Warmoth ha contribuido a que se enriquecieran cientos de personas, localizando vetas y lugares de perforación para encontrar oro, petróleo y minerales. En California descubrió seis yacimientos de petróleo valorados en 50 millones de dólares, para un solo cliente.

El Missoula Chapter, de la Montana Mining Association, utilizó estas palabras en un informe escrito sobre él: «Ron Warmoth posee la rara y excepcional habilidad de localizar vetas y depósitos de minerales».

Esta extraordinaria y única habilidad no es algo que Warmoth haya aprendido o adquirido. Dice haber nacido con ella y que, por tanto, es un poder psíquico natural. Eso significa que no tiene que hacer uso de un Plan de actuación para funcionar mentalmente de tan sorprendente manera. «Déjenme ver un mapa de la zona», dice. Entonces, en un momento, señala con el dedo. «Aquí.» Y el mineral está allí.

Usted y yo no somos psíquicos natos, al menos no hasta el punto que lo es Warmoth. Tenemos que desarrollar la facultad. Para ello nos hace falta un sistema, un método.

Una pareja de Chicago necesita dinero. Acaban de aprender un método para funcionar psíquicamente, para detectar información a distancia y lograr que las cosas ocurran favorablemente a su supervivencia. El dinero es un material de supervivencia. Deciden aplicar lo que han aprendido para ganar a la lotería.

Se relajan. Se ven a sí mismos en un espejo enmarcado de azul, en el que aparecen muchos problemas. Entonces cambian el marco del espejo y lo ponen blanco, y se ven ganando una gran suma de dinero a la lotería al salir premiado su número.

Cada uno hace esto mismo por separado. Lo repiten varias veces al día durante la semana anterior al sorteo. Ganan 30.000 dólares.

El método utilizado es un método de Silva Mind Control. Pero lo mismo da que se siga un método comercial o el método de un ingeniero psicotrónico. La energía de conciencia es energía real y da sus frutos, especialmente dinero.

La mente subconsciente: Un extraordinario ordenador

El doctor Douglas Dean, del Newark College de Ingeniería, estudió unos quinientos casos de hombres de negocios que habían alcanzado el éxito, y descubrió que todos tenían un alto nivel en los test de funcionamiento intuitivo. Muchos admitieron ignorar los informes estadísticos y actuar sobre fuertes presentimientos. («No me descubra, se enterarían mis accionistas.»)

La energía de pensamiento es una energía creativa muy real. A decir verdad, todo lo que el hombre ha creado ha existido primero a nivel de su pensamiento, generalmente en forma de imágenes mentales mantenidas en una «postura» mental de solución de problemas. De ahí se pasa a los esquemas, diagramas, cianotipos, proyectos, construcciones.

Llámelo alfa.

Ahora que conocemos la tremenda cantidad de información que puede almacenar un ordenador, empezamos a comprender mejor la mente.

La parte de la mente que no se utiliza en la conciencia corriente se llama mente subconsciente. La mente subconsciente tiene tres funciones principales que ahora podemos identificar:

1. Nos mantiene vivos.
2. Cumple instrucciones.
3. Almacena datos.

Lo de mantenernos vivos significa hacer latir nuestro corazón, trabajar nuestros pulmones, digerir la comida y hacer que funcionen todos los sistemas de nuestro cuerpo.

Nuestra supervivencia está relacionada con la salud, con el dinero y el trabajo, con el amor y las relaciones humanas. Las decisiones al respecto proceden principalmente de esa mente subconsciente que es como un ordenador, aunque creamos que «reflexionamos» nosotros.

La programación pasada es la que toma la mayoría de las decisiones por nosotros. Compramos cierta clase de pan. Nos lavamos los dientes dos veces al día. Nos agradan cierta clase de personas. El condicionamiento o programación pasados nos pueden proporcionar una salud radiante, abundante riqueza y éxitos clamorosos. También es la causa de todas las calamidades conocidas por el hombre.

Las sugerencias aceptadas en el nivel alfa de la mente se convierten instantáneamente en conducta programada.

Hace medio siglo, Emil Coué hizo que personas de Europa y América se miraran al espejo y repitieran una y otra vez: «Todos los días y en todos los aspectos me vuelvo mejor». Al cabo de un tiempo, muchos obtuvieron resultados notables. Sin embargo, no sabía nada del nivel alfa de la mente: el nivel relajado.

En alfa se obtienen resultados inmediatos. A ese nivel de la mente, las palabras o representaciones mentales van directamente al ordenador sin análisis crítico, sin dudas personales, sin peros y sin «si».

Instruya a su mente que produzca dinero y las neuronas del cerebro encargadas del pensamiento consciente emprenden un proceso de pensamiento inductivo, deductivo y asociativo.

Las neuronas que trabajan por debajo del nivel del pensamiento consciente comienzan también su proceso. Suplementan el trabajo de las neuronas del pensamiento consciente, pero están también en contacto con neuronas del cerebro de otras personas que pueden ayudar a resolver el problema.

La ciencia no está segura, por ahora, de si es una comunicación directa entre las neuronas o si es una comunicación neurona-conciencia universal-neurona. Pero para el que utiliza esta energía psicotrónica no tiene importancia, como tampoco la tiene para el interruptor de la luz el que la energía proceda de una batería que está detrás de la pared o de un generador que se halla a varios kilómetros de distancia.

Qué ocurre cuando le ordena a su mente que produzca dinero

Durante milenios, el hombre ha estado creando espacios a su propia imagen. Hay un Dios, o dioses, o Hijo de Dios. Hay constelaciones que afectan a la vida del hombre. Y aquí en la tierra hay dioses de los volcanes, del océano, de los árboles y de la lluvia.

El concepto de Dios puede colocar a cualquier filosofía dentro de un rígido marco religioso. Quizá para los propósitos de la comunicación sea mejor para nosotros que nos liberemos de la semántica de esto y de los estereotipos de la lengua o del pensamiento. Ahora, ya liberados, podemos pensar en términos de espacio como en una prolongación de nosotros mismos.

Suponga que quiere desplazar algo con la mano. Para hacerlo, necesita permiso de su mano. No le niega ese permiso sin razón. Pero si está rota, o dormida, o tiene una razón válida, se negará.

Suponga que el espacio, como si fuera su brazo, se comporta de forma semejante. Es este un concepto no muy alejado del concepto de Dios o del concepto de continuo de Edgar Mitchell. Al igual que su brazo, el espacio tendría que avenirse a actuar por usted. Para lograr el consentimiento del espacio tiene usted que «solicitar» o idear ese consentimiento de otra forma.

La petición puede ser una oración. «Mecánica del consentimiento» llama Bernays a las relaciones públicas, y puede consistir en representarse en el nivel alfa, *sabiendo* que es así (un tipo de relaciones espaciales).

Hay un sanador oriental que conoce el autor que entona cantos u oraciones a todo santo canonizado, a todo ángel con nombre, a todo profeta que haya existido, y les pide la curación. Toca todos los puntos. Tarda de quince a veinte minutos; pero la gente se cura.

Existe una clave en esto para entrar en contacto con el espacio o con cualquier cosa relacionada con el mismo. A ese ocupante del espacio le damos nombres —nombres de divinidades, de ángeles, de difuntos—. Quizá esto tenga validez. Pero válido o no, ese ocupante del espacio se vuelve activo con un deseo consentido, con una oración consentida, con una representación mental consentida. Es como si fuera un brazo de nuestra conciencia.

¿Se halla dispuesto a «pedirle» al espacio abundancia? Entonces está dispuesto a tratar al espacio como a algo inteligente, lógico, razonable, cooperativo. Esta es la actitud que se necesita.

Para que el siguiente Plan de actuación sea productivo, tiene que purificar su conciencia de trabas intelectuales, de presiones mundanas y de problemas personales. Tiene que ser tan puro como el propio espacio para estar a tono con él y sintonizar con él. Esto requiere un Plan de actuación previo.

Plan previo para llegar a tener la mente a tono con el espacio

Relájese en una silla y respire profundamente.

Imagine a todas las impurezas saliendo de su cuerpo y conciencia con cada espiración.

Piense en el espacio que hay por encima de donde usted se encuentra.

Vaya a ese espacio inmediatamente; imagine que puede mirar hacia abajo y verse a sí mismo sentado en la silla.

Siga su viaje por el espacio, más allá de la costa; salga del planeta, del sistema solar, de la galaxia.

Sienta amor por esta galaxia y por todos los miles de millones de galaxias «de allá fuera».

Regrese inmediatamente por el mismo camino, sabiendo que se halla en estrecha comunicación con el espacio.

Después de completar este Plan de actuación, ya está preparado para el «gran acontecimiento», un Plan de actuación que le permitirá lograr el consentimiento universal para obtener abundancia en su vida.

Plan de actuación para lograr más dinero

Vaya a su «habitación especial» y siéntese bajo la claraboya.
Proyecte su conciencia hacia el espacio exterior.
Hable en voz alta con el espacio de forma razonable, describiendo de forma lógica:

La naturaleza de su problema de dinero.
Qué cantidad de dinero le ayudaría a resolver su problema.
Qué haría usted exactamente con el dinero.

Utilice las manos al hablar y visualice los puntos que vaya estableciendo en la «conversación».
Prometa ofrecer un sacrificio en señal de sinceridad y respeto.
Termine la sesión sabiendo que, en el momento del sacrificio, el dinero ya estará en camino hacia usted.
Sacrifíquese haciendo uno o dos de estos tipos de acciones: saltarse una comida, hacer un donativo a una causa, dar de comer a unos pájaros o animales.

Por qué alfa contribuye a que la energía psicotrónica le dé un mejor rendimiento

¿Por qué las imágenes mentales funcionan mejor en el nivel alfa? «Por qué» suele ser una pregunta inútil, pero quizá sea interesante tratar de darle una respuesta a esta. Al retirarnos de la actividad física y del mundo beta de las percepciones sensibles, damos un paso más hacia la forma en que éramos en el momento de nacer:

un paso más hacia nuestras fuentes. Este origen nuestro es en realidad el ocupante del espacio que actúa como nuestra prolongación. Quizá hayamos seguido siempre formando parte de nuestro origen, parte de la conciencia que llena el espacio, y quizá aún seamos parte de ella,

Esto es extremadamente sencillo en su conceptualización y verbalización. La verdad es insondable porque es como un niño sin profundidad y sin dimensión. Cuando le preguntaron a Jesús: «¿Qué es la verdad?», guardó silencio. Su silencio dijo más que las palabras frías.

Si a la inteligencia que reside en el espacio la llamamos lo Infinito, y al hombre lo finito, entonces la vida consiste en que lo Infinito se hace consciente a través de lo finito. Ahora bien, como alguien dijo una vez: «Dios se hizo hombre para que el hombre pudiera hacerse Dios».

¿Es posible que los miles de años que el hombre se ha pasado filosofando sobre la existencia de una base espiritual (no material e inteligente) del universo como se expresa en la literatura teológica y metafísica no hayan sido en vano? Somos conciencia. Nuestro cuerpo es el lugar donde se particulariza[1] la conciencia, en un plano particularizado que llamamos mundo material.

Nuestra conciencia es energía, capaz de afectar a la energía que llamamos materia porque está íntimamente «relacionada» con ella. Nuestra conciencia forma parte en realidad de una más amplia Superconciencia, o Conciencia Cósmica, que trabaja con nosotros siempre que obtengamos su consentimiento. Para lograr ese consentimiento, necesitamos estar «en contacto». Para estar en contacto, tenemos que estar más cerca de ella: en alfa.

---

[1] Utilizo la palabra «particularizarse» para significar «formarse en unidades o partículas más pequeñas».

Cómo utilizar el poder psicotrónico para mejorar sus negocios

Vaya a alfa. Visualice. Utilice las manos. ¿Se le ocurre alguna aplicación de este procedimiento que puede ayudar a su negocio? Alfred G. tenía una zapatería. Era un comercio marginal. La publicidad parecía no aportar más beneficios de lo que costaba: Pasaba bastante gente por delante de la tienda, pero eran personas que iban o venían del trabajo y que andaban presurosas.

Decidió utilizar una fórmula para captar la atención de los viandantes. ¿Utilizó una luz resplandeciente? ¿Una exposición de zapatos revolucionaria? ¿Un artilugio mecánico? No, utilizó un trocito redondo de papel rojo pegado al fondo del escaparate.

Luego, por la noche, realizó en su casa un trabajo psicotrónico: se sumió en su nivel alfa relajado, entró en su «habitación especial», visualizó el escaparate con el círculo rojo, viendo cómo llamaba la atención de la gente, y, si necesitaban zapatos, cómo se volvía su atención hacia los zapatos.

Al principio no hubo cambios. Pero perseveró durante una semana. Entonces la gente empezó a pararse delante de su escaparate. Algunos entraron. Algunos de los que entraron compraron. Al cabo de otra semana observó un incremento del diez por ciento en su volumen de ventas.

Sidney P. era vendedor de seguros. Su mayor problema residía en pasar de la puerta. La gente siempre tenía alguna excusa para pedirle que «volviera en otro momento».

Él también utilizó la energía psicotrónica. Antes de empezar se relajaba, iba a su «habitación especial» en su imaginación. Entonces se veía a sí mismo recibido amablemente por personas simpáticas que necesitaban sus servicios de seguros. Se vio a sí mismo eligiendo los nombres y direcciones correctos para el trabajo de aquella tarde: personas que estuvieran en su casa y que escucharan su propuesta.

De nuevo, necesitó perseverancia; pero al cabo de una semana, Sidney P. empezó a observar cierta diferencia. Nada espectacular, pero en su trabajo, un solo buen contacto en una tarde, compensa. Y a él le compensaba, desde luego.

La diferencia en los métodos utilizados por el vendedor de zapatos y el vendedor de seguros demuestra la necesidad de adoptar una aplicación del poder psicotrónico en el trabajo.

Existe un procedimiento básico que actúa de marco: hay que relajarse, sumiéndose en el nivel alfa de la mente donde las ondas cerebrales son más lentas y se sincronizan mejor con la conciencia universal. Entonces se visualiza la actividad del negocio de cada uno en alguna forma constructiva. He aquí algunas:

- Un vendedor inmobiliario ve cómo los carteles de «Se vende» se convierten en «Vendido».
- Un artista ve en sus pinturas irradiar una luz que conmueve a las personas.
- Un representante de artículos por correo ve cómo su propia energía se mete en sus artículos y les hace «cobrar vida».
- El propietario de un restaurante inyecta de «vida» a su comida y visualiza sus mesas llenas de gente atraídas por su ración «de supervivencia».
- Un taxista se ve a sí mismo continuamente en el lugar adecuado, y en el momento adecuado, para sacar más provecho y sortear el tráfico.

Si llamamos «adaptador» a lo anterior, he aquí el Plan de actuación:

Relájese y vaya a su «habitación especial».
Visualice su negocio.
Utilice el «adaptador».
Termine la sesión, recordando que ha de repetirlo a diario.

Ascienda por la escala de los ingresos

George G. y yo solíamos entretenernos haciendo números, como, por ejemplo, si los indios hubieran tomado los veinte dólares cuando vendieron Manhattan y los hubieran invertido a interés compuesto, podrían tener más de lo que hoy vale Manhattan.

Yo no lo sabía entonces —de esto hace unos veinte años—, pero George soñaba despierto creativamente sobre su propia vida, utilizando números. Calculaba que si seguía obteniendo aumentos en la compañía de plásticos donde trabajaba, al mismo ritmo que en los últimos años, sería ya viejo cuando lograra el dinero que pensaba valía. Por otra parte, si cambiaba de trabajo cada pocos años y cada vez con un aumento del cincuenta por ciento en sus ingresos, pronto tendría un nivel financiero elevado.

Empecé a preguntarme por qué George cambiaba de sitio con tanta frecuencia. Él y su familia no paraban de desplazarse —Pittsburg, Cleveland, Boston—. Y sus nombramientos eran cada vez más impresionantes, algo así como vicepresidente encargado de ventas. Fue en nuestro último encuentro hace un par de años cuando George me contó su visión del trabajo y lo bien que le estaba saliendo. Entonces le hablé de la energía psicotrónica y de cómo él la utilizaba cuando soñaba despierto, activando sus visiones.

Su reacción fue: «¡Qué tontería... Soy un buen vendedor por mí mismo!».

Hay una diferencia entre soñar despierto y soñar despierto creativamente. El verse uno mismo en medio del lujo y mimado por la fortuna es pura fantasía. El verse uno mismo emprendiendo acciones específicas que lleven a resultados específicos es aplicar la energía psicotrónica, especialmente si se hace cómodamente relajado.

Puede usted elegir entre ascender por la escala organizativa y lograr una mayor responsabilidad, situaciones mejor pagadas en su firma actual, o entre ascender, como hizo George D., la escala de los ingresos sin importarle adónde le lleve.

María L. siguió un curso de control de la mente que no solo le hizo obtener un mejor trabajo en la oficina de un superintendente de colegio, sino que además le permitió llegar a secretaria personal del propio superintendente. Sus imágenes se lo proporcionaron y ella le contó al superintendente lo de la energía psicotrónica y cómo la imaginación positiva en el nivel alfa podría resolver alguno de sus problemas.

Él se limitó a reír y cambió de tema. Por eso María decidió utilizar su energía psicotrónica para «convertirlo». Lo «vio» yendo a la sala de conferencias. Lo detuvo para recordarle el poder de la representación positiva. Lo «vio» escuchar, y luego entrar en la sala. También lo «vio» salir de ella muy contento.

Al cabo de unos días, el superintendente le dijo a María que preparara la sala de conferencias. Iban a venir algunos padres y le auguró que iba a ser una mañana difícil. «No tiene por qué serlo —recordó María—. Mientras yo preparo la sala, usted relájese y vea que todo se desarrolla perfectamente.»

Cuando se desarrollaba la conferencia con las puertas cerradas, María interrumpió lo que estaba escribiendo para relajarse y representarse las mismas escenas en su «habitación particular». Al cabo de menos de una hora, todos salieron sonrientes. El superintendente le dijo con un gesto a María que todo había salido bien. «¡Funciona!», dijo. Más tarde, María obtuvo un ascenso y su jefe siguió el cursillo.

Norman J. aspiraba a ser un superventas en discos. Tenía un grupo musical. Practicaban un día sí y otro no. De vez en cuando los llamaban de un club. Entonces Norman aprendió a utilizar la energía psicotrónica. Fue a su «habitación especial» y «habló» con una compañía de discos imaginaria. Tres semanas más tarde, el director de una compañía de discos oyó «por casualidad» al grupo en un club y les firmó un contrato.

Walter N., actor, quería un papel en *Al Sur del Pacífico*, a punto de estrenarse en una ciudad en la que a él le gustaba vivir. Utilizó sus técnicas psicotrónicas para verse a sí mismo tratando de conseguir el papel secundario y obteniéndolo. Así ocurrió.

Hace miles de años, Hermes, divinizado tanto por los egipcios como por los griegos, enseñaba secretos tan celosamente guardados que el término hermético sigue subsistiendo. Uno de esos secretos era la práctica que hacía a los sueños convertirse en realidad. Decía así:

- Relájate. Represéntate tu meta ya alcanzada. Respira hondo y proyecta esa imagen en el aire que entra en tus pulmones, sabiendo que ahora penetrará en todas las células de tu cuerpo.

La técnica sigue siendo válida.

Estas son unas cuantas de las miles de formas en que trabaja la energía psicotrónica. Es activada por la representación positiva en el nivel alfa.

Todo cuanto tiene que hacer es decidir sobre la meta a alcanzar y crear las representaciones mentales que mejor la reflejan.

Recuerde, la representación que usted elija no deberá quitarle nada a otro. La energía psicotrónica así dirigida se opondría, no solo al individuo en cuestión, sino a la conciencia universal que trabaja por la supervivencia de todo el mundo.

Decida antes de emprender el siguiente Plan de actuación cuál o cuáles van a ser sus representaciones. De nuevo las llamaremos «adaptador».

Plan de actuación para una vida más lucrativa

Relájese y vaya a su «habitación especial».

Visualice su vida actual y el estilo de vida que le produce.
Utilice el «adaptador».
Termine su sesión.
Repita un par de veces al día.

Ascienda en el organigrama

Si lo que decide es permanecer en su empresa actual y adquirir una mayor responsabilidad y sueldo, entonces el proceso es semejante al anterior, salvo que la representación «adaptadora» se halla en un marco de organización interna. En cierto modo es más fácil. Se requiere más energía para marcharse a otra empresa de la que se requiere para avanzar dentro de una misma firma.

Sin embargo, el problema de interceptar a otros es un factor más determinante. Su representación «adaptadora» ha de elegirse de tal modo que se enfrente al mínimo posible de energía psicotrónica opuesta. Simplemente recuerde: no le pise el puesto a otro en el ascenso.

¿Se acuerda del trabajo de Olga Worrell con la cámara de nube? Cuando físicos escépticos vieron el experimento, no ocurrió nada. Lo mismo sucede cuando observan fenómenos psicotrónicos científicos escépticos. Las cosas suceden para los científicos según ellos esperaban. Si esperan que no suceda nada, es más que probable que no suceda.

Sus propias creencias y esperanzas son primordiales. Pero también es primordial la resistencia de la conciencia de otras personas.

La gente no tiene necesidad de interceptarse el camino mutuamente. Basta el miedo al futuro, una representación pobre y factores negativos semejantes para provocar una competitividad de persona a persona cuando ambas podrían beneficiarse de una cooperación.

¿Ve usted a otras personas obstaculizarle al ascender en el organigrama? ¿O bien ve que le tienden una mano para ayudarle? El factor que hace la diferencia es si su ascenso les beneficia o supone una amenaza para ellos.

Su ascenso les beneficiará si:

- Sus facultades pueden mejorar el rendimiento de ellos.
- Su capacidad les brinda nuevas oportunidades.
- Su presencia produce beneficios en la administración.
- Su mayor responsabilidad les quita trabajo a ellos.
- El reconocimiento de su valía por parte de la dirección abre posibilidades al reconocimiento de la valía de ellos.

Estos tipos de cambios atraen su apoyo psicotrónico. Usted puede ascender sin su ayuda, pero su poder psicotrónico no obrará «milagros», ni mucho menos, si el de ellos se opone al suyo.

El organigrama es flexible. Puede alterarse para darle paso a usted. No hay necesidad de que otro pierda su puesto para cederle el sitio.

Puede usted hacerse un hueco.

Plan de actuación para ascender

Relájese en su «habitación especial».

Invite a las personas clave una tras otra y explíqueles por qué le parece que a la compañía le beneficiaría el que le dieran a usted un puesto de más responsabilidad y de más sueldo.

Explique a las personas a las que pueda adelantar, también de una en una, que usted no constituye una amenaza para ello, sino que ese ascenso suyo supone para ellos una mejora.

Termine la sesión sabiendo que ha habido entendimiento y acuerdo.

Prepare físicamente un organigrama en el que aparezca un puesto nuevo con su nombre en la «cadena de mando», división, departamento, etc.

Cuélguelo físicamente en la pared. Mírelo con frecuencia. Señale con el dedo hacia su puesto de vez en cuando.

Cómo obtener valiosa información intuitivamente

Entramos ahora en uno de los aspectos del funcionamiento humano más difíciles de explicar. Recibe usted información. No es información suya; es decir, es algo que nunca ha aprendido, o experimentado, o investigado, o adquirido conscientemente. Y, sin embargo, es información correcta.

¿Cómo la ha conseguido? ¿Será...
su voz interior?,
su intuición?,
su súper yo?,
la voz de su alma?,
la voz de Dios?

¿Puede usted imaginar a alguno de los sesudos hombres de ciencia que empiezan ahora a atraverse a observar estos fenómenos en el laboratorio, aceptando alguna de estas hipótesis?

Para saber un poco más de cómo podemos obtener información por medios no ortodoxos, es interesante conocer algo más sobre Cleve Backster, el especialista polígrafo que observó que las plantas reaccionan al pensamiento de la gente. Backster tomó muestras de su propia sangre y las puso en distintos recipientes. Colocó dos electrodos de plata en uno de los recipientes, metió todo ello en una caja blindada y conectó los cables del electrodo a un electroencefalógrafo. Cada vez que pensaba hacer daño a una de las muestras de sangre, la otra muestra presentaba una reacción violenta en el EEG.

Mary Baker Eddy seguramente menearía afirmativamente la cabeza ante esta prueba. La fundadora de la Ciencia Cristiana conocía la importancia de los pensamientos positivos sobre el bienestar del cuerpo.

Pero el auténtico impacto del experimento de Backster reside en el hecho de que la reacción celular tuvo lugar a distancia. La investigación médica explica la facultad de la sangre para apelar a varios recursos del cuerpo cuando necesita de ellos diciendo que dicha comunicación se realiza por «quimistasis» o mensajeros químicos. Puede que estos existan, pero también hay comunicaciones directas, de célula a célula, incluso saltando 100 metros, como en el experimento de Backster.

También demostró Backster que las células de yogur se comunican más allá de estas distancias. Esta fue una demostración automatizada en la que se alimentaba con leche un recipiente conteniendo yogur en un momento dado, lo que producía una reacción en el gráfico de EEG de otro yogur a 450 metros de allí.

Desde que se anunciaron los trabajos de Backster, científicos de todo el mundo se pusieron a trabajar en ese campo. Quizá sea el campo de investigación lo más demostrativo del nuevo descubrimiento: el investigador forma parte de su propio experimento. Una planta reacciona de una forma con Backster, y de otra forma con otro científico que tenga una actitud distinta.

La conciencia no puede ocultarse a la conciencia. La conciencia de una célula, por diminuta que sea, comparada con la conciencia del hombre, está ahí.

La conciencia de usted al leer este libro no puede separarse de la conciencia de las células de su cuerpo, de las de su familia, animales o plantas. Si yo digo algo especialmente agradable que a usted le haga sentirse conmovido, todo su entorno se verá afectado. Lo contrario también es cierto.

Si se les da a las neuronas de su cerebro una orden como «¡Rápido! Necesito información para resolver el siguiente problema... El producto de nuestros competidores está desbancando al nuestro, ¿qué puedo hacer?». Esas neuronas resonarán con la información, bien al cerebro de alguien situado a kilómetros de distancia de donde reside esa información, bien a la conciencia universal., y llegará la respuesta.

Puede llegar como un relámpago de visión interna.
Puede llegar como un sueño.
Puede llegar a través de alguna «coincidencia».

Pero llegará, eso sí, porque lo único que se requiere es un deseo sincero. Ese deseo sincero es el que mueve a las células del cerebro a resonar en la frecuencia adecuada.

Hay varias maneras de acelerar el envío de esa valiosa información sin esperar días, que es lo que puede tardar en aparecer el relámpago de visión interna, el sueño o la «coincidencia».

Los cursillos comerciales sobre la mente enseñan la metodología de la «pantalla mental», que comprende el ir al laboratorio mental, parecido a la «habitación especial» de usted, y el ver la respuesta adecuada inscrita en una pantalla imaginaria. Es muy efectivo, pero requiere el entrenamiento especial que ofrecen esos cursillos.

Hay otro modo. Incluye la utilización de una simbología que induce a las neuronas a actuar dentro de un periodo específico. Una rutina que se está haciendo cada vez más popular es la técnica del túnel.

Plan de actuación para obtener información estratégica

Imagine que está en una barquita y entra en un ancho túnel.

Observe el punto de luz delante de usted; es el otro extremo del túnel.

Repita el problema que tiene y sepa que tendrá la respuesta en el momento en que alcance la luz.

Haga como si se deslizara lentamente con su barquita; sienta cómo se mece suavemente; oiga chapotear el agua; espere pacientemente la respuesta.

Pase al menos diez minutos en la barquita dentro del túnel, consciente de la monotonía, repitiendo ocasionalmente el problema y sabiendo, al acercarse la luz del final del túnel, que su información está próxima.

Mire el punto de luz crecer a medida que se acerca al final del túnel.

Termine la sesión, emergiendo del túnel, sabiendo que si no ha obtenido aún la información, está próxima.

Martin N. era capitán de los marines y siguió un curso de psicotrónica que di en la Base Kaneohe del Marine Corps, en Hawai. Dirigí al grupo a través de este Plan de actuación, no porque ningún miembro hubiera expresado la necesidad de alguna respuesta, sino simplemente para demostrar la metodología.

Cuando completé mi monótono monólogo sobre «el chapotear de las aguas y el mecerse la barca», les recordé: «Y ahora la barca está saliendo del túnel», el capitán N. dio un salto y salió disparado de la sala.

No supimos el porqué de aquella salida tan repentina hasta el día siguiente, en que explicó que su unidad estaba enfrascada en una competición que requería una complicada logística. Pidió que se le iluminara sobre ese problema, y al terminar el ejercicio del túnel le había venido a la mente una solución única que requería ejecución inmediata. Resultó ser esencial en la exhibición ejemplar de su unidad.

Otra simbología que también da excelentes resultados es entrar en una cueva varias veces, ver primero en la pared representadas escenas de la vida anterior de uno, después escenas de la vida actual y luego de la situación en que se encuentra uno y que requiere una respuesta, y, por último, la respuesta.

También se puede uno representar a sí mismo delante de una cortina echada. La respuesta al problema está al otro lado. Exponga su problema. Vea alzarse la cortina, creando una pequeña abertura delante de usted. La abertura aumenta de tamaño. Por último, es lo suficientemente amplia para que pase usted por ella... y vea la respuesta.

La combinación secreta de riquezas ocultas

Este capítulo se inició con dos planes de actuación: el primero para abrir la mente al espacio; el segundo para atraer hacia sí más dinero al lograr el «consentimiento» del espacio.

Ese hecho es significativo.

Es como si existieran unas arcas universales y no hubiera forma de obtener una auténtica riqueza si no se formaba la combinación exacta de la caja.

Esos dos planes de actuación utilizados antes de los dos siguientes para mejorar sus condiciones de vida o su negocio o avanzar en la escala de organización del trabajo, actúan como un «Ábrete, sésamo» ante la cueva de riquezas universal.

Se pueden aporrear las puertas de la cueva con energía física solamente, con solo afirmaciones, y únicamente con representaciones alfa, pero los resultados serán moderados comparados con el río de riquezas que se produce cuando primero se abre la mente al espacio y se obtiene el consentimiento de la conciencia universal.

Si pertenece a alguna religión, esto no contraviene sus enseñanzas, toda vez que usted puede adaptar las palabras utilizadas en estos dos planes de actuación «espaciales» para que se conformen a sus enseñanzas religiosas. El concepto de Dios se puede sustituir por espacio o por conciencia universal. También la más alta jerarquía de su religión —Jesús, Buda, Mahoma— puede ser el intermediario que le ayude en la solución de su caso.

Los indios americanos dicen: «El Gran Espíritu está en todas partes».

Con cualquier nombre que se le dé, la conciencia universal, dentro de la cual usted vive y tiene su ser, es todopoderosa... y rica. Esas riquezas son su herencia. Active su parte.

9
Poder psicotrónico para superar obstáculos sobrehumanos

En este capítulo aprenderá a superar más fácilmente los obstáculos naturales, ya sean las hormigas que invaden su cocina o las alimañas de su granja. Podrá usted controlar el clima, si realmente lo necesita; incluso predecir terremotos y desastres naturales, con tiempo suficiente para salvar su vida y pertenencias. Por último, aprenderá la manera de resolver problemas aparentemente sobrehumanos, rápida y fácilmente.

¿Qué ocurre cuando una fuerza irresistible se encuentra con un cuerpo inconmovible? Esta pregunta ha tenido intrigados a físicos y filósofos durante décadas. Ahora se conoce la respuesta. Ganador: la fuerza irresistible.

La razón estriba en que la única fuerza irresistible que se conoce es la del poder psicotrónico. Y cuando el poder psicotrónico se encuentra con un cuerpo inconmovible, lo disuelve.

La energía de conciencia ha sido observada en laboratorio, desmaterializando y rematerializando.

Un día descubriremos que desde el principio hemos sido brujos.

Los científicos se ocupan de buscar las clases de cambio en los parámetros de las leyes actuales que abarcarán toda una nueva serie de datos. Esos datos incluyen la traslación de objetos con la conciencia, causando al mismo tiempo levitación y aumento de peso con la conciencia, cambiando la estructura molecular de la materia con la conciencia.

La conciencia —el mismo factor que vislumbró esas leyes— tiene ahora que cambiarlas para hacerse sitio a sí misma.

Mientras, el hombre, asumiendo esos poderes recientemente «aceptados», puede avanzar y progresar utilizándolos de forma controlada para superar los obstáculos y mejorar su vida.

Vencer azotes naturales

Un grupo de personas que se reúnen periódicamente con el autor en Hawai para trabajar sobre problemas humanos —tanto de clase individual como colectiva—, oyó hablar de una plaga de mirlos que asolaba la región de Maryland. Los granjeros locales estaban perdiendo sus cosechas. Millones de pájaros arrasaban la región.

Las autoridades locales trataron de ahuyentarlos con disparos de escopeta y hasta de cañón. Ahora llevaban allí cerca de dos semanas, y se hablaba de utilizar fuertes venenos.

Decidimos hacer algo —¡a cinco mil millas de distancia!—. Fuimos a nuestras «habitaciones especiales», invitamos a los pájaros a que entraran en ellas y discutimos el problema. Dado que cada uno de nosotros lo hizo a su modo, solo puedo describir cómo llevé a cabo yo aquella «entrevista».

Mirándolos fijamente a los ojos y señalándolos con el dedo, les dije: «Estáis perjudicando a mucha gente. No podéis reprocharles que contraataquen. Os harán daño. ¿Por qué no os marcháis y buscáis otro lugar en el que no causéis ningún problema?».

Aquello fue decisivo.

En los periódicos de la tarde leímos al día siguiente que a las seis de la mañana los pájaros se habían marchado. Eso correspondía a

PODER PSICOTRÓNICO PARA SUPERAR OBSTÁCULOS SOBREHUMANOS

medianoche en Hawai, una hora después de que la energía psicotrónica de una veintena de personas les pidiera que se marchasen.

Los granjeros no son los únicos que se ven amenazados por plagas naturales, insectos y calamidades. Los habitantes de las afueras de las ciudades pueden ver su tranquilidad amenazada por hormigas, gusanos, termitas y cucarachas.

Los venenos son a veces más peligrosos para quien los utiliza que para los parásitos. La energía psicotrónica es mucho más segura. Puede usted actuar contra esos invasores naturales. Sin embargo, su acción tiene que respetar la vida por encima de todo.

El ya fallecido Albert Schweitzer abandonó una brillante carrera de instructor de teología en Estrasburgo, a comienzos del siglo XX, para estudiar medicina y poder así ayudar directamente a la humanidad. Dejó Europa y marchó a lo más remoto de África, donde montó un centro de cuidados médicos al estilo africano, en el que los africanos pudieran recibir asistencia médica moderna sin dejar su entorno familiar. No impuso su medicina, o la medicina del hombre moderno, cosa que podía haber creado problemas. Respetaba todos los modos de vida y, por supuesto, toda vida.

El doctor Schweitzer sabía algo. También lo sabía un hombre llamado Boone, que escribió *Kinship With All Life*, y al que mencioné en el capítulo 5, y también los indios americanos, como demostraron sus curanderos Rolling Thunder y Soloho.

Lo que todos tenían presente es el común denominador de la vida que existe desde la hormiga hasta el momento. Los indios le llaman el Gran Espíritu. Los filósofos le llaman Dios. Los científicos le llaman ahora «un campo de conciencia».

Sea cual sea el nombre que se le dé, poco importa. Lo que importa es su relación de usted con ese común denominador.

Si se siente separado de él, crea una separación y la energía psicotrónica no puede fluir y cubrir esa separación. Es como si el circuito no se cerrase si usted no lo ve cerrado.

Sienta ese denominador común; acéptelo; sintonícese con toda la vida. Si puede hacerlo, es usted capaz de producir un poder psicotrónico que no conoce límites, excepto el límite del «bien común».

Esto no significa que tenga que sentir una relación fraternal con una cucaracha. Pero tiene que borrar el asco, el miedo y las ganas de matarla. En lugar de eso, tiene que ver en ella una expresión viva de un denominador común a toda vida que usted comparte con la cucaracha. No es de extrañar que la gente no logre librarse de hormigas, termitas y cucarachas.

He aquí un Plan de actuación que ayuda a vencer esa barrera natural, permitiendo a la energía psicotrónica tener éxito allí donde fracasaron venenos y fumigaciones.

Plan de actuación número uno para librarse de los insectos

Vaya a su «habitación especial».

Profundice su relajación inspirando profundamente varias veces y sintiéndose cada vez más dormido al exhalar el aire.

Imagine que está soñando y que aparece ante usted, muy aumentado y vestido y con facultad para hablar, el jefe de las hormigas o de cualquier otra plaga molesta.

Cuente sus problemas. Haga un trato, algo así como: «No te haré daño a ti y a tus compañeras, si os vais antes de veinticuatro horas». Asegure al insecto que hay otros lugares a los que puede ir y en los que no causará problema como aquí. Señale, mire, gesticule.

Termine la sesión.

Añada una conversación de la vida real la próxima vez que vea a uno de esos insectos en donde no debiera estar.

Recuerde al insecto su trato, hablando en voz alta, señalando y mirando al insecto. Sepa que será respetado el acuerdo. Tenga esperanza y confíe en que así será, no lo dude.

Laura S. tenía hormigas en la cocina. Eran de una variedad tan pequeña que apenas si podía verlas. Se escondían en cualquier rendijita y detrás de azulejos y rodapiés, y escapaban a sus fumigaciones. Si se dejaba algo de comida encima de un mueble, en seguida acudían allí. Había que estar constantemente mirando dentro de jarras y otros recipientes cerrados porque en seguida se metían allí.

Laura asistió a una reunión psicotrónica en la que se discutió ese tema y los resultados obtenidos por algunos con el anterior Plan de actuación. Decidió intentarlo.

Logró hablar lógica y razonablemente con «el jefe de las hormigas». Más tarde, repitió la conversación en alta voz a la primera hormiga que vio en el aparador de la cocina. «Se paró en seco como si me estuviera escuchando», me contó después. A los pocos días ya no se vio ni una hormiga.

El reino de los insectos mantiene su parte del «acuerdo». Pero se suceden las generaciones, a veces en cuestión de días, y hay que llegar a nuevos «acuerdos». También varían las clases de insectos. Por eso hay que repetir con cierta frecuencia el Plan de actuación número uno.

Plan de actuación número dos para librarse de los insectos

Cuando los terapeutas empezaron a experimentar con los efectos benéficos de ciertas luces coloreadas sobre el cuerpo humano, descubrieron un hecho interesante: una persona no tiene que sentarse bajo una luz azul o verde durante una hora, sino que una fotografía de esa misma persona colocada bajo la luz provoca la misma mejoría.

Ahora una compañía de fumigaciones aéreas de cosechas ha descubierto que si toma una fotografía aérea del campo de maíz o de cualquier otra plantación infestada de insectos y trata esa fotografía con las fumigaciones, llega exactamente al mismo resultado apetecido que fumigando directamente la cosecha.

La ciencia aún no es capaz de explicar este fenómeno. Es como si la fotografía identificara el lugar, por no haber dos lugares idénticos, igual que una fotografía de una persona identifica a esa persona. Una vez hecha la identificación, quizá la relación causa-efecto se realice en la conciencia universal, el cianotipo de cuanto existe.

Si tiene usted un problema de insectos y le desagrada utilizar aerosoles y otras sustancias venenosas con profusión, especialmente alrededor de la despensa y de las zonas de preparación de la comida, entonces este Plan de actuación número dos le servirá como suplemento del Plan de actuación número uno.

Plan de actuación número dos para librarse de los insectos

Fotografíe la zona.
Fumigue la fotografía con repelente de insectos.
Vaya a su «habitación especial».
Mantenga la fotografía a nivel de los ojos, mirándola.
Cierre los ojos.
Vea cómo la fotografía toma vida. Es el propio lugar. Los insectos están reaccionando al producto químico. El trabajo está hecho.
Termine su sesión.

Los granjeros deberían experimentar este Plan de actuación número dos en zonas pequeñas antes de enfrentar problemas mayores de insectos.

Hay muchas aplicaciones caseras. Wand B. tenía un problema de moscas de la fruta en su cocina. Visualizó un gas en su cocina que era inocuo para todos, excepto para las moscas de la fruta. Llevó a cabo el Plan de actuación número uno una vez, y las moscas disminuyeron; a la tercera habían desaparecido.

Problemas climáticos

La siguiente historia, corroborada por testigos, nos relata cómo Rolling Thunder hizo que un tornado perjudicial se volviera beneficioso.

Un joven shoshone había sido sentenciado a cinco años de cárcel en Leavenworth por negarse a ir a Vietnam. Dado que el tratado de los Estados Unidos con los indios shoshone garantiza que no se obligaría a estos a cumplir el servicio militar, Rolling Thunder decidió sacar al muchacho de la cárcel.

Fue a la cárcel, acompañado de un blanco amigo suyo, y pidió que dejaran en libertad al joven indio. Les dijeron que había sido trasladado. Aquella noche, en un hotel cercano, Rolling Thunder despertó a su amigo y le dijo que los oficiales de la cárcel mentían. Él podía utilizar el miedo como arma para que liberaran al joven. Le dejarían en libertad inmediatamente.

Se dirigieron a la cárcel. Rolling Thunder se detuvo y encendió una hoguera. Echó algunas cosas en el fuego. Por encima de la hoguera se formó una densa nube negra. Aumentó de tamaño. Cuando llegaban a la cárcel al amanecer, la nube había crecido aún más y se producían relámpagos en ella.

Rolling Thunder pidió a los guardias que dejaran salir al joven. Les advirtió que el tornado se llevaría por delante el edificio si no lo hacían. Los guardias llamaron a unos oficiales. Cuando el tornado se encontraba prácticamente encima del edificio y ya había arrancado una puerta, se precipitaron puertas adentro, se apoderaron del joven, le sacaron y se lo entregaron a Rolling Thunder. Se marcharon los tres.

Antiguamente, el hombre pensaba que no había forma de controlar el dolor. Ahora sabemos que sí. El hombre pensaba antaño que no se podía obtener información más que a través de los sentidos. Ahora vemos que hay quien sabe cómo lograrla sin ayuda de los sentidos.

El hombre sigue pensando que el tiempo (en el sentido de clima) es una fuerza sobrehumana que escapa a su control. Pero no son de esa opinión los indios americanos... ni los ingenieros psicotrónicos.

Al acercarse una tormenta a Honolulú, el autor se puso a trabajar psicotrónicamente con varios colegas para desviarla. La tormenta no afectó a Honolulú y se fue a arrebatar techumbres a Kailua, a menos de veinte millas de allí.

Contentos con aquella victoria, en la siguiente reunión algunos tenían problemas de meteorología y pidieron al grupo que trabajara sobre ellos.

1. Una profesora iba a llevar a sus alumnos al Sea Life Park. Llegarían allí a la mañana siguiente (viernes) alrededor de las diez de la mañana. «Que no llueva, por favor.»
2. El sábado, un compañero iba de excursión en bicicleta. «Que haga bueno, por favor.»
3. La hija de una señora se casaba el domingo. Habría un banquete al aire libre en su casa de Diamond Head. «Que esté despejado, por favor.»

Aquella noche nos pusimos a trabajar sobre esos problemas en nuestras «habitaciones especiales» colectivas.

Me desperté a la mañana siguiente y el cielo estaba gris. Relampagueaba cada pocos segundos y retumbaba el trueno —cosa poco frecuente en Hawai—. A las diez en punto cayó un rayo en mi edificio y se fue la luz.

Me dije: «Está bien, lo prometo, no volveré a interferir en la meteorología».

Cuando la profesora regresó del Sea Life Park, contó que les había llovido mucho, tanto a la ida como a la vuelta, pero «apenas si chispeó» en el parque. En cuanto al excursionista y a la boda, el sábado y el domingo hizo bueno. No pensamos volver a trabajar con el tiempo, por lo menos por ahora.

El hecho de que sea posible dirigir la energía psicotrónica hacia el clima con resultados positivos hace que pueda ser objeto de un curso de actuación aplicada. El utilizarla o no con este propósito es una decisión personal.

Personalmente, si fuera cuestión de vida o muerte, no dudaría en utilizar la mía para afectar al tiempo. Pero no volveré a utilizarla por mera conveniencia. Creo que Rolling Thunder y otros curanderos indios estarían de acuerdo conmigo. Por eso tienen sus danzas de lluvia.

La psicotrónica es una ciencia nueva, y por eso tenemos que establecer las líneas generales de su utilización ética, apropiada y segura. Quizá el hombre no haya alcanzado un nivel de sabiduría y prudencia en el que pueda producir esas líneas básicas unilateralmente —es decir, por sí mismo—. Quizá necesite ayuda universal. Acaso precise utilizar pruebas y errores, sufriendo las consecuencias del abuso y del mal uso hasta descubrir cuál es el camino correcto.

Terremotos, erupciones volcánicas y holocaustos

Cuando hace tiempo un gran terremoto sacudió China, se advirtió a la población que habría más temblores, y así, cuando se produjeron estos, se redujo al mínimo el número de víctimas. Estas advertencias de más temblores derivaban en parte de experiencias pasadas y en parte del resultado de información recibida a través del equipo sísmico. Había un tercer canal de información: los animales del zoo.

La conciencia de los animales puede no tener la capacidad de pensar lógicamente como la conciencia del hombre. Sin embargo, está más sintonizada con la intuición, con los mensajes de la naturaleza. Los animales sienten aproximarse estos desastres y holocaustos naturales. Sus instintos de supervivencia oyen más claramente que los nuestros cuando habla la naturaleza. Los nuestros oyen mejor cuando habla la civilización.

La psicotrónica no pretende ser aún capaz de calmar un terremoto, ahogar erupciones volcánicas o detener mareas gigantescas. Sin embargo, sí puede restablecer la sintonía con los mensajes de la naturaleza. Esa sintonía puede ayudarle a escapar a tiempo o a no encontrarse en el lugar fatídico en el momento fatídico.

No hay un Plan de actuación especial en estas páginas que contribuya a esta sintonización. Los aspectos de los planes de actuación que llevan mejor a esa sintonización son:

- Ir a la «habitación especial».
- Situarse bajo la claraboya.
- Tener conciencia del Generador Cósmico Universal.
- Sentir amor y respeto por todas las plantas, animales y personas.
- Sentir que es parte de la conciencia universal.

Si ha llevado a cabo planes de actuación que incluyan estos aspectos, es usted muy capaz de sintonizar. Puede confiar en su intuición, en su «me lo dice el corazón».

Cuando sienta malestar en el lugar donde se encuentre, cuando se sienta nervioso ante alguna amenaza, podrá utilizar el siguiente Plan de actuación para obtener alguna comprobación, y quizá más detalles:

*Plan de actuación para comprobar
algún posible holocausto que amenaza*

Vaya a su «habitación especial», bajo la claraboya.
Cree una pantalla en el espacio delante de usted.
Pida que se le aparezca en la pantalla alguna «señal» del desastre que amenaza.
Coloque un calendario y un reloj junto a la pantalla.
Si se le aparece alguna imagen del suceso en la pantalla, compruebe el reloj y el calendario para situarlo en el tiempo.
Termine la sesión y emprenda la acción que antes se le ocurra... Suele ser la mejor.

Las personas crónicamente asustadas, o aquellas que suelen tener la sensación de que se acaba el mundo, provocan «parásitos» en la sintonía debido a causas emocionales y demás. Estos «parásitos» interfieren con la utilización efectiva de este Plan de actuación.

El poder psicotrónico y el poder de la oración

Una mujer se arrodilla y reza. Su hijo está gravemente enfermo. Suplica al Altísimo que cure a su hijo.
Un hombre es arrastrado por las olas en un bote salvavidas. Lleva diez días luchando contra el mar. Reza pidiendo ser salvado.
Una niña reza para que Papá Noel le traiga una muñeca.
El niño se cura. El náufrago se salva. La niña consigue su muñeca.
¿Todo coincidencias? ¿O respondieron a las plegarias?
Los religiosos dirían: «Dios escuchó las tres oraciones y respondió a ellas». El ingeniero psicotrónico diría que las tres personas lograron contar con el «consentimiento» del cosmos.

Una mujer sintió un vivo interés por una cúpula geodésica. Quería tener una miniatura o conseguir la manera de hacerse una. Un día iba conduciendo su coche hacia la ciudad. Un coche delante del suyo arrancó bruscamente al ponerse verde el disco y se le cayó un paquete del mal cerrado maletero. Tocó el claxon, pero el coche se alejó. Salió la mujer del coche, recogió el paquete, y más tarde, al llegar a su casa, lo abrió. Era una cúpula geodésica, sin indicación alguna de quien la había perdido.

Un hombre de Nueva York necesitaba un libro raro. Oyó decir que podría conseguirlo en Canadá. Se preparó para marcharse. Un día, al cruzar la avenida Madison, distraído, tropezó con un hombre que llevaba unos libros. Se desparramaron todos en medio de la calle. Ayudó al hombre a recogerlos y vio que entre ellos estaba el libro que andaba buscando.

¿Son casualidades, plegarias escuchadas o energía de conciencia en acción? El autor se inclina por eliminar la coincidencia. La incidencia de la coincidencia —si de eso se tratara— es tan elevada que el término queda invalidado o cambia su significado. El autor también se inclina por no hallar diferencias entre «oraciones escuchadas» y «energía de conciencia en acción».

El trabajo realizado por el doctor Edgar Mitchell, tanto como director del Institute of Noetic Sciences como investigador del Stanford Research Institute, le ha llevado, a él y a sus colegas, a creer que la ciencia ha de ir hacia una cosmología que está mucho más cerca de la religión que de la ciencia clásica; los científicos están avanzando las hipótesis de que quizá haya «una conciencia última fundamental que con toda certeza gobierna, dirige y rige al universo».

Compara esta conciencia última con un campo de conciencia universal que impregna todo el espacio y que tiene propiedades como intención, conocimiento y consentimiento. Ve la posibilidad de que, al igual que el plasma puede captar líneas magnéticas de fuerzas, los cambios en este campo de conciencia puedan cambiar e influir en la materia.

Comparemos esto con el punto de vista de otra clase de doctor —un doctor en divinidad—, la doctora Margaret Breece Whiting, que dijo:

«Dios duerme en los minerales, vela en las plantas, anda en los animales y piensa en el hombre».

Sí, la tierra de nadie entre la ciencia y la religión se está convirtiendo en tierra de todos.

Las palabras que utilicemos importan poco comparadas con los pensamientos que yacen tras esas palabras.

La palabra inglesa *shaman*, que significa hombre de medicina o sacerdote del chamanismo, tiene su raíz en la palabra sánscrita *sramanas* (que significa ascético), y hay palabras de sonido semejante en ruso, alemán y otras lenguas.

La práctica religiosa del chamanismo incluye la invocación a los buenos y malos espíritus, entre los que el sacerdote actúa como intermediario. Ji San Lee es un chamán coreano que de vez en cuando visita los Estados Unidos para demostrar sus talentos por medio de la danza. Afirma ser el primer chamán que ha cruzado el Pacífico desde Corea. ¿Por qué la danza? Es el ritual por medio del cual se entra en contacto con los dioses, responde, y prosigue su explicación diciendo cómo conquista el espacio a través del baile y queda imbuido de Dios.

Utilizando el chamanismo como puente, podemos ver la conciencia en acción en todas las prácticas religiosas, evocando el «consentimiento» de la conciencia universal para afectar a la materia.

Un sacerdote de la costa este, el Padre G., combina sus actividades de la iglesia con la enseñanza de un curso mental popular en toda la nación. Cuenta la historia de cómo encargó a un pintor que realizara un gran «mural» en el techo refiriendo una historia religiosa. Decidieron que lo haría en grandes lienzos cuadrados que instalaría luego en el techo.

Cuando estuvo concluido y comenzó la instalación, no había adhesivo capaz de sujetar los cuadros del techo. Como máximo se sostenían un par de minutos y luego se despegaban.

El Padre G. subió a supervisar la obra: en vano. Entonces decidió que no era necesario subirse a una escalera para acercarse a Dios. Se fue a su estudio, se relajó y pidió que se le ocurriera alguna solución. «Vio» una lata de cola corriente junto a una plancha de hierro.

A los pocos minutos consiguió hacerse con ambas cosas y volvió a subirse a la escalera. Se aplicó la cola; se aplicó el lienzo al techo y se pasó por encima la plancha de hierro caliente. Hubo como un silbido. Apartó las manos. El lienzo se sostenía. Y allí se mantiene.

¿Energía psicotrónica o energía divina?

Conviértase en niño y entrará en el Reino de los Cielos. Un niño está la mayor parte del tiempo en una longitud de onda cerebral baja. Un niño sueña despierto. Un niño respeta su imaginación.

Dijo Jesucristo que si se desea algo con todo el corazón, con toda el alma y toda la mente, se pueden mover montañas. Añada la «esperanza» al «deseo» y tendrá «fe».

Si considera que la religión es un campo de investigación en la búsqueda de una dimensión en la que se pueda comunicar con la conciencia universal —llamémosle Dios—, entonces la psicotrónica sería particularmente interesante para las personas religiosas. Tanto es así que cientos de personas, ministros de la religión, han seguido cursos mentales que enseñan a utilizar de forma controlada la energía de conciencia.

Jesucristo conocía la facultad psíquica natural: «Mirad lo que os digo, os envío profetas, y sabios, y escribas...».

Parafraseando a San Lucas, 12:2,3: «Nada hay encubierto que no se descubra, ni nada secreto que no haya de ser conocido. Así pues,

cuanto dijisteis en la oscuridad será oído a plena luz, y lo que hablasteis al oído en la recámara, será publicado sobre los terrados.»
¿Es eso decir que hay realmente una conciencia universal?
Algunas religiones de la nueva era llaman a Dios «Inteligencia Infinita». Si la inteligencia es Dios, entonces nuestra inteligencia es una expresión de nuestra naturaleza divina. Y cuanto más utilicemos nuestro poder psicotrónico, tanto más divinos seremos.

Cómo darle una mayor dimensión espiritual a la energía psicotrónica para resolver problemas sobrehumanos

Cuando se tiene conocimiento de la naturaleza de su conciencia, se tiende a utilizarla de formas más idealistas.

Jalil Gibrán, autor de *El Profeta,* nos advirtió que no invitáramos a un rico a cenar a nuestra casa, pues sólo nos lo devolverá invitándonos a cenar a la suya. Invita a un pobre, decía, que no pueda devolverte el favor. Entonces será el universo quien te devuelva el favor.

La conciencia universal responde de verdad. El trabajo psicotrónico se lleva a cabo como una coincidencia milagrosa, La gente apropiada aparece en el momento oportuno. Se cumple nuestra voluntad.

Sin embargo, hay veces que nuestra voluntad se opone a la «voluntad universal». Entonces nos preguntamos por qué no funcionó la energía psicotrónica que utilizamos.

El proceso de compaginar nuestra voluntad con la voluntad universal se llama a veces meditación. La meditación se alcanza de varias formas y según varios métodos. Cualquiera que sea la metodología utilizada, lo que se pretende es relajar el cuerpo y la mente y sintonizar con la conciencia universal.

Es como si dijera: «Oye, papá, acuérdate de mí... Soy tu hijo».

Entonces algo trabaja realmente para usted. Las personas que pasan unos cuantos minutos al día meditando empiezan a funcionar de una forma que sorprende a todos, empezando por ellos mismos. Todo parece marchar bien, al menos mucho mejor que antes.

Los planes de actuación psicotrónicos son, en cierto modo, meditaciones —meditaciones dirigidas—. Aumente su grado y aumentará la visión de respuestas a sus problemas en el par de minutos que pasará en su «lugar especial».

He aquí un Plan de actuación que le ayudará a resolver problemas sobrehumanos que requieren ayuda sobrehumana. Pueden ser problemas relacionados con:

- Un largo viaje.
- Obtención de un permiso gubernamental rara vez concedido.
- Adquirir algo importante.
- Salir de una situación imposible.
- Recuperarse de una enfermedad llamada mortal.
- Terminar con una situación insostenible.

Antes de comenzar este Plan de actuación es conveniente purificar la conciencia de forma que esté libre de «parásitos» y se pueda comunicar mejor con la conciencia universal. Durante veinticuatro horas antes de este Plan de actuación, haga algunas, o todas, las purificaciones siguientes:

1. Ayune, saltándose todas las comidas y tomando solo agua y zumo de frutas.
2. Vaya a una iglesia o sinagoga y pase al menos quince minutos en silenciosa contemplación.
3. Evite fumar y beber intoxicantes o estimulantes, como café o té.
4. Manténgase fuera de la presencia de personas negativas, malhumoradas o desagradables.
5. Evite las aglomeraciones.

Con la conciencia elevada en vibración gracias a estos pasos purificantes, está preparado para comenzar.

Plan de actuación para lograr ayuda sobrehumana

Vaya a su «habitación especial».

Relájese y súmase en un estado de tranquilidad extasiada.

Vuelva su conciencia hacia el espacio por etapas graduales: el espacio de su habitación, de su casa, de su ciudad, de su estado, de su país, continente, planeta, sistema solar, galaxia, otras galaxias.

Llame al universo para que «oiga» su problema. Puede mencionar nombres de divinidades, de santos, de maestros, cualquier nombre de su cultura o de su religión que valgan de intermediarios con el Altísimo. Pero no personifique al espacio.

Hable en voz alta, utilizando las manos como rezando o suplicando, pidiendo una solución a su problema. (No decida los detalles de esa solución por sí mismo, limítese a pedir que acabe su problema.)

Estese cinco minutos sentado tranquilamente en silencioso respeto.

Haga regresar a su conciencia por el mismo camino: galaxia, sistema planetario, tierra, etc., hasta su habitación.

Asienta con la cabeza tres veces, aceptando psicotrónicamente el contacto con la conciencia universal; dé las gracias y acepte ese contacto.

Unión de varios poderes psicotrónicos procedentes de varias fuentes para disolver su problema

William y Frances G. viajaban por carretera en las primeras horas de la mañana por una región desierta, cuando de pronto el motor de su coche empezó a renquear y se paró.

William se bajó del coche, hurgó en el carburador y el sistema de encendido, volvió a entrar y trató de arrancar. El motor se puso en marcha. Volvieron a rodar, pero al cabo de uno o dos minutos el coche se paró de nuevo. Volvió a arrancar, pero se detuvo a menos de una milla. Esto pasó una y otra vez.

Tras más de diez arrancadas y paradas, cuando parecía evidente que tardarían toda la noche en llegar a su casa, Frances sugirió que podían meditar y apelar a su más alta conciencia para que resolviera su problema. Con su seguridad típicamente masculina, William replicó: «No, me parece que ya sé lo que pasa. Esta vez lo arreglaré».

Pero no lo hizo. Por eso, cuando el coche se volvió a detener, Frances decidió actuar y llevó a cabo un Plan de actuación semejante al anterior, para conseguir ayuda sobrehumana. Cuando William volvió de hurgar en el motor y se metió en el coche, lo puso nuevamente en marcha. Entonces el coche ronroneó tranquilamente hasta casa. Pero la conversación dentro del coche no era precisamente tranquila, pues Frances intentaba convencer a William de que había logrado ayuda de «arriba» y William trataba de convencer a Frances de que al fin había dado con la avería.

Lo cierto es que ambos tenían razón.

Cuando se logra ayuda sobrehumana para resolver un problema, esta ayuda suele manifestarse de formas muy humanas:

- Se tiene una idea.
- Se hace lo correcto.
- Se recibe ayuda de otra persona.
- Se beneficia uno de una feliz casualidad.

Por el carácter cotidiano de la solución del problema, solemos decir: «Gracias a mí». Nos llega la solución a través de la conciencia, y por eso decimos: «Se me ocurrió hacer...».

Esto tiene un efecto perjudicial sobre la actuación del poder psicotrónico. Lo que se dice realmente es: «No necesito a la conciencia universal de la que formo parte. La parte que me toca me sobra y me basta para mí y mis problemas».

Esta autosuficiencia corta la comunicación con el Generador Psicotrónico Cósmico. Perdemos la conexión con una energía que obra milagros.

Lo que hay que hacer es precisamente lo contrario. Tenemos que dar a la conciencia universal el crédito de todas nuestras soluciones. Esto sella la conexión y asegura nuestro poder. Esto nos lleva a lo que podríamos llamar Ley Básica del Poder Psicotrónico:

No te atribuyas nunca el mérito de un efecto psicotrónico. Atribuye mentalmente ese mérito a una más amplia conciencia.

Científicos e ingenieros empiezan a asustarse ante tales conceptos. Pero sus colegas más avanzados en investigación encuentran continuamente evidencias de esta más amplia conciencia en acción.

Nuestro sistema neurológico, incluido el cerebro, parece comportarse como un aparato sensorial, no solo para nuestra percepción consciente de estímulos sensibles, sino también para nuestra información del espacio.

Si usted conoce el título del libro que busca en la biblioteca, su conciencia puede localizarlo. Pero si lo que conoce es el tipo de información que busca, entonces el bibliotecario podrá identificar el libro que necesita. Así parece ser cómo funciona la obtención de información o ayuda de la conciencia universal.

Nuestra conciencia alcanza la ayuda. Pero en lugar de salir a buscarla nuestra mente, una inteligencia exterior —el «bibliotecario»— nos la trae a la mente. Por eso lo que dice realmente la Ley Fundamental del Poder Psicotrónico es: no expulse al bibliotecario.

Acepte el beneficio, o poder psicotrónico, y deje que todo el mérito recaiga en instancias superiores. Mantiene vivo y en buena forma nuestro contacto con el Generador Psicotrónico Cósmico.

Si comprende usted el principio que actúa aquí, puede entonces comprender por qué le voy a pedir algo insólito:

Cree un Plan de actuación especial para conocer la conciencia universal. Si yo lo hiciera por usted, no «sonaría» bien. Tiene que ser su propia conciencia desde el principio quien lo haga, para que la conciencia universal obre con usted sus milagros..., desde el principio.

Plan de actuación para consolidar
las relaciones con la conciencia universal

(Usted lo crea según sus sentimientos, deseos e intenciones.)

Ha consolidado sus relaciones con el más fuerte de los aliados. *Usted* no es sobrehumano. Pero puede salvar obstáculos sobrehumanos.

10
Cómo crujen sus manos con la energía creadora para hacer realidad los deseos de los demás

En este capítulo aprenderá a enfocar la energía psicotrónica con los dedos y convertirse en genio para cualquier persona a la que desee ayudar, y aprenderá a darse cuenta de cómo cada vez centra su voltaje más elevado para obrar «milagros» más importantes. Aprenderá técnicas para señalar con los dedos con un poder semejante al del láser. Aprenderá a recibir valiosa información a través de las manos con un péndulo o bien con los dedos, y aprenderá a manejar un vaso de agua con la energía de sus dedos para que resuelva cualquier problema.

Un físico, profesor de un departamento universitario de ingeniería nuclear, hablaba a un grupo de profesores de percepción extrasensorial y de funcionamiento psíquico:

> Hay una división en la sociedad entre aquellos que se orientan hacia el mundo físico y los que se orientan hacia el mundo psíquico. Yo pertenezco a ambos mundos.
> He hecho investigación física durante toda mi vida. Ahora me interesa continuar esa investigación en otras dimensiones. Hubo una vez un señor llamado Einstein que habló de la cuarta dimensión y demostró que era un concepto muy útil. Creo que ese terreno psíquico es algo muy real. Siento que esas otras dimensiones —de

comprensión, de amor— son tan reales como las tres que manejamos en nuestros modelos matemáticos que llamamos ingeniería y ciencia. Me gustaría entender las dimensiones psíquicas igual de bien que entiendo estas dimensiones físicas.

No es el único.

Dijo esto más o menos cuando otros científicos utilizaban el término «psicotrónica» para designar la clase de energía que actúa en el funcionamiento psíquico.

La mayor ventaja de esto para la gente en general reside en que pueden utilizar tranquilamente esta energía para crear una vida mejor sin peligro de ser crucificado o quemado en la hoguera por brujo, o perseguido, ridiculizado, etc.

Esta utilización promete salud perfecta, poder inmenso, riqueza ilimitada y logro de cualquier deseo. Pero no llega sin esfuerzo.

Tiene usted que mover un dedo.

Las manos del hombre son uno de los órganos del cuerpo más evolucionados. Con unas 25 articulaciones, pueden realizar 58 movimientos diferentes. Crean confort, artesanía, cultura, civilizaciones, e incluso son capaces de conversaciones y de otras formas de comunicación.

El yogui Maharishi Mahesh, fundador de la Meditación Trascendental, le entregó una vez una flor al autor después de haberla tenido un momento en sus manos. La flor permaneció perfecta durante casi dos semanas.

Si cree que sugiero que el Maharishi invistió a aquella flor de energía especial que le impidió marchitarse durante todos aquellos días, está usted en lo cierto. Solo que no tiene necesidad de ser un gurú para disponer de esa energía en sus manos. La tiene ya, quienquiera que sea.

En este capítulo aprenderá a utilizar sus manos de manera práctica para que usted y otros logren beneficios especiales. Mejor que dar vida a una flor, hará realidad los más caros deseos de sus amigos y de usted mismo.

La ley de la psicotrónica

Los planes de actuación a partir de este capítulo le proporcionarán instrucciones para aplicar la energía psicotrónica de forma especial. Estos planes de actuación funcionarán incluso si usted no ha llevado a cabo planes de actuación que tengan que ver con ir a una «habitación especial» y también con conectar con el Generador Psicotrónico Cósmico y conseguir el «consentimiento» de la conciencia universal.

Pero funcionarán con mucha mayor eficacia si usted ha realizado antes estos planes de actuación previos. Habrá aumentado muchas veces el poder de su energía psicotrónica.

Hay otras formas de multiplicar la energía psicotrónica. El poder de la pirámide es poder psicotrónico. El poder de la forma de la pirámide, incluso los modelos de salón que se pueden adquirir hoy para sentarse bajo ellos y meditar, pueden producir un aumento apreciable de la energía psicotrónica, en cuestión de unos minutos. El poder de la pirámide fue originariamente descubierto al ver que no se disgregaban los esqueletos de gatos y perros hallados en las pirámides egipcias.

También se dice que dormir con la cabeza hacia el norte aumenta la energía psicotrónica al utilizar el campo magnético de la tierra.

Sin embargo, estos métodos requieren la utilización de ayudas externas a la esfera de conciencia. Su conciencia, adecuadamente dirigida, puede proporcionarle toda la energía psicotrónica que posiblemente pueda utilizar, sobrándole mucha.

Usted, conectado con el generador psicotrónico cósmico, y con el «consentimiento» de la conciencia universal —como se ha explicado en anteriores planes de actuación—, es como una central eléctrica dispuesta a electrificar el mundo en que vive.

Sus manos pueden «crujir» con ese poder.

Empareje sus manos con su facultad de imaginación y enviará energía que cumplirá sus deseos.

Otras personas acudirán a ayudarle. La «suerte» le traerá cosas buenas una tras otra. Obstáculos y oponentes desaparecerán. Obtiene lo que quiere.

Esta es la Ley de la Psicotrónica: *Favorece primero a los demás. Luego a ti mismo.*

Al hacer cosas por los demás, se adquieren méritos ante la conciencia universal. Cuando esté preparado para beneficiarse a sí mismo, lo que pretenda alcanzar estará mucho más a su alcance. Le llegará antes y con mucho menos esfuerzo.

Ralph A. quería tener más tiempo libre. Su trabajo como periodista era demasiado absorbente. Le agradaba su trabajo, pero también le gustaba viajar, jugar al *bridge,* ir a ver partidos y tomar el sol en la playa.

Como sabía utilizar sus poderes psicotrónicos, se visualizó en todos aquellos empeños; pero no ocurrieron. Le aconsejé a Ralph que ayudara primero a otras personas. Con frecuencia acudían a él jóvenes con la pretensión de convertirse en periodistas. Les despedía siempre diciendo que sobraban periodistas. Ahora decidió ayudarles en su vocación. Dirigió sus currículum; les dijo a quién tenían que ver y dónde y cómo comportarse en la entrevista.

Un día le llamó el editor y le dijo que le iban a dar un nuevo destino: tenía que escribir una columna. Aquello significaba más ingresos, más tiempo libre. Era precisamente lo que quería. Y, «por casualidad», la persona a la que tendría que enseñar su antiguo trabajo era uno de los jóvenes a los que había ayudado.

Desencadene la acción en otras personas con sus manos

Señale con el dedo a otra persona. Ahora señale en la dirección que quiere que tome. Por último, «dibuje» con su dedo extendido sobre la palma de su otra mano lo que quiere que haga esa persona cuando llegue allí.

Acaba de aumentar el deseo de esa persona. Su motivación será prácticamente irrefrenable.

La gente ha hablado con las manos incluso antes de que se inventara el lenguaje oral. Cuando se inventó el lenguaje, las manos siguieron utilizándose para añadir énfasis a lo que se decía, para añadir energía a las palabras.

El taxista enfadado gesticula con las manos mientras protesta. El obrero gesticula cuando llama a la grúa. El ama de casa gesticula al explicarle a su vecina lo que ocurrió.

En psicotrónica, hay formas especiales de utilizar las manos que centran la energía como un rayo láser. Una de ellas es señalar con el dedo. Empiece a señalar con el dedo para ayudar a otra persona. Hay varias maneras de ayudar a otra persona y de señalar:

- Señale una dirección.
- Señale a la persona que hay que ver.
- Señale el artículo buscado.

Contrariamente al taxista, al obrero, al ama de casa, usted está tranquilo cuando gesticula. El estar relajado y sereno permite que fluya su energía.

Actúe para usted actuando primero para otra persona: con este Plan de actuación.

*Plan de actuación para aumentar la energía
de sus manos para hacer el bien*

Dé instrucciones o consejos a alguien que le haya indicado su necesidad de ayuda.

Señale a esa persona con el dedo, no amenazadoramente, sino suave y diestramente, con el dedo índice de su mano más fuerte.

Utilice su mano para ayudar a explicar qué tiene que hacer esa persona.

Ayude a la persona a salir de su problema, utilizando las manos siempre que le sea posible.

Dele la mano al despedirse, poniendo su mano izquierda sobre la derecha del otro; es decir, utilice las dos manos para tomar la de él.

Más tarde, siempre que piense en el proyecto de su amigo, «véalo» contento mientras se relaja. (Es opcional el ir a su «habitación especial».)

Cómo aumentar el poder de sus manos

Estos movimientos y gestos de las manos parecen bastante sencillos. Usted los ha realizado antes y no se han producido milagros. ¿Por qué ahora sí?

La verdad es que algo nuevo se ha añadido. Usted ahora tiene conciencia del poder de sus manos. Las está utilizando conscientemente. Esta conciencia convierte el flujo normal de energía en un torrente de poder.

Los indios americanos que saben hacerlo, pueden crear en sus manos una fuente de poder tan grande que harán dar un brinco a la persona a la que toquen. Los *kahunas* hawaianos pueden producir esa energía en forma de calor y hacer que produzca escozor el calor de sus manos. Ambas culturas utilizan un frotamiento con las manos para generar un mayor poder en ellas.

Naturalmente, este no es un mero proceso mecánico de frotarse las manos. Hay que hacerlo en un estado relajado, sabiendo conscientemente lo que se hace.

El siguiente Plan de actuación puede realizarse una vez como plan de práctica antes de ponerse en marcha para beneficio propio o de otros, colegas o parientes. Al llevarlo a la práctica puede ayudar el utilizar un termómetro en la mano para comprobar la temperatura antes y después. Mantenga el bulbo entre las yemas de los dedos durante dos minutos antes y después. Compare los resultados.

Importante: No deje que el termómetro acapare su atención. Si su mayor preocupación es que suba la temperatura, no se ocupará lo suficiente de su energía psicotrónica. El termómetro es algo incidental —una forma de darle confianza en su capacidad de aumentar el poder de sus manos para hacer que ocurran cosas—. Si le digo: «No se acuerde del termómetro», es como si le pidiera que no pensara en un elefante rojo. La mente se ocupa inmediatamente de eso precisamente. Por eso lo que hay que hacer es juguetear con el termómetro entre los dedos para familiarizarse con esa sensación y acostumbrarse a ella, con lo que se podrá ignorar.

*Cómo aumentar el voltaje de sus manos
para conseguir mayor poder*

Mantenga las manos unidas, como si rezara.
Frote las palmas lenta y suavemente una contra otra.
«Vea» al Generador Psicotrónico Cósmico proporcionándole un poder que entra en su cuerpo por la coronilla y se extiende bajando por sus brazos y manos.
Visualice el color naranja que aureola sus manos cuando las frota suavemente una contra otra.

Separe las palmas manteniendo juntas las yemas de los dedos, viendo cómo la luz naranja se hace más brillante en los puntos donde se juntan sus dedos.

Termine frotándose las manos vigorosamente durante treinta segundos y vea la luz naranja hacerse cada vez más brillante hasta tornarse incandescente.

Utilice las manos cuanto antes para «animar» a otra persona, señalando y gesticulando.

Si emplea usted las manos para curar, este Plan de actuación aumentará su eficacia.

Si utiliza las manos para señalar alguna meta o curvas de ventas o cifras de negocios que pretende alcanzar visualizándolas, la utilización previa de este Plan de actuación aumentará su eficacia.

Las relaciones de persona a persona estarán más bajo su control. De nuevo, empiece a ayudar a los demás antes de favorecerse a sí mismo.

Herramientas que hacen actuar a las manos como si tuvieran una supermente propia

El doctor Christopher Hills, de Londres, poseía una galería de arte en Kingston (Jamaica). Siempre se había sentido interesado por la facultad que tiene la mente de detectar y proyectar información. De hecho, su casa de Londres se había convertido en centro de desarrollo de la conciencia a través del yoga, la meditación y otras disciplinas.

Una noche en que se hallaba meditando en la playa, estaba intensamente consciente del cosmos. Le parecía que se le manifestaba en términos más íntimos. Era una experiencia extraordinaria. ¿Estarían realmente el yoga y la meditación produciendo cambios tangibles en su contacto con la conciencia universal?

La respuesta es que sí, porque el doctor Hills empezó a sentir energía con las manos, al tiempo que aumentaba su conciencia. Podía sentir el Norte con solo extender los brazos y girar hasta notar el flujo magnético. Podía utilizar una varita de zahorí y un péndulo para detectar energía, moduladas con la inteligencia igual que las ondas de radio están moduladas con sonidos de voces o de música.

El doctor Hills pasó cierto tiempo en la India, donde los gurús desarrollaron su nivel de conciencia. Lo aceptaron estos rápidamente y le dieron el título de Maharishi, que significa gran investigador, y de Acharya, que significa maestro inspirado.

En 1973, el doctor Hills se trasladó a California y fundó la Universidad de los Árboles, en Boulder Creek, donde sería investigador y profesor, dando una mayor importancia a lo que él llama Ciencia de la Supersensónica.

En cierto modo, se puede decir que esa ciencia es la actualización del poder psicotrónico. Lo que la hace diferente de las demás ciencias es que *el investigador se convierte en parte de la investigación*. El experimentador se convierte en parte del experimento.

Un matemático regresa a su casa por la noche y su vida es prácticamente igual que antes. Un químico se levanta por la mañana y se va a trabajar, y por la forma en que se siente y se comporta, lo mismo podría ser un abogado que un contable. Pero el practicante de la psicotrónica se convierte en un superhombre. Es capaz de hacer cosas que sobresaltan a los demás.

Los zahoríes llevan generaciones utilizando palos ahorquillados para encontrar agua y dar con el lugar exacto para cavar pozos. Oyeron decir que podía hacerse, se pusieron manos a la obra, y lo hicieron.

Hoy día existe la Sociedad Americana de Zahoríes (American Society of Dowsers), que se reúne una vez al año, normalmente en Nueva Inglaterra. Algunos pueden encontrar agua sin necesidad de varita o de palo; otros pueden descubrir minerales y otros materiales.

Hay muchas teorías de cómo se realiza esa detección de información. El doctor Z. V. Harvalik, físico practicante y zahorí de notable éxito, llama a la causa estímulo electromagnético recibido en la glándula venal, transmitido al cerebro y de ahí a los músculos del antebrazo.

Los científicos han observado una interesante aplicación de la detección de información con las manos. Los ciegos pueden ver con las manos. Son capaces de describir acertadamente papeles coloreados y formas geométricas manteniendo las manos encima de ellos.

Algunos de estos científicos, utilizando viejos tópicos, llaman a esto sensibilidad dermoóptica, y lanzan la hipótesis de que las células de la piel poseen ojos en miniatura. Al científico psicotrónico esto le parece divertido, pero al científico convencional que utiliza esta aproximación lo que le parece divertido es la teoría psicotrónica.

Mientras los científicos investigan, construyen hipótesis y discuten, nosotros podemos utilizar lo que más nos convenga. Podemos sentir nuestra detección de información a través de las manos con artilugios como varitas adivinatorias y péndulos.

Cómo obtener respuestas a través de sus manos con un péndulo

Hace unos años un grupo de pescadores se perdió en la zona de las Nuevas Hébridas. Sus familias estaban preocupadas. Los buscaron desde el aire. Hay tantas islas en esa región que tuvieron que abandonar la búsqueda. Los parientes oyeron hablar de alguien que utilizaba un péndulo para obtener información. El péndulo consistía en un trozo de cordel y un pedacito de metal atado a él. Lo sostuvo sobre un mapa del área y lo movió lentamente a través de él. Al llegar a un punto empezó a oscilar. Los parientes alquilaron un barco y fueron a aquella isla. Allí encontraron al grupo de náufragos.

Usted puede utilizar un botón colgando de una cuerdecita o un colgante. Sosteniendo la cuerda con el codo apoyado sobre una mesa, deje el péndulo vagar sobre un mapa, un plano, un callejero, unos anuncios del periódico o sus listas de teléfono.

Cuando desplace el péndulo, tenga cuidado de no agitarlo. Se agitará por sí mismo cuando llegue a la respuesta a su pregunta. Naturalmente, no será por sí mismo de verdad. Será la detección psicotrónica de usted aumentada. Las sutiles respuestas de las que usted no tendría conciencia de otro modo, se hacen más visibles con la acción del péndulo.

Practique el siguiente Plan de actuación con cosas cuya respuesta conozca de antemano, o con cosas sin importancia hasta que se sienta seguro de su información. Entonces sabrá que se ha establecido comunicación con el péndulo y que podrá utilizarlo para adivinar.

Plan de actuación para obtener información válida a través del péndulo

Hágase un péndulo con un anillo, o un botón y un trozo de cuerda, o utilice una alhaja y una cadena, como un colgante.

Téngalo sobre su persona y cerca de usted durante unos días. (Este paso se puede abreviar manteniéndolo en las manos durante unos minutos mientras va a su «habitación especial».)

Haga una hoja de respuesta con «sí» en un lado, «no» en otro y otras posibles respuestas entre ambas. (Si el problema o información requiere un mapa, o diagrama, o plano, utilícelo en lugar de la hoja.)

Siéntese con el codo apoyado en una mesa y el péndulo colgando inmóvil sobre la hoja de respuesta o el mapa.

Haga la pregunta, dirigiéndola a la conciencia universal.

Mueva el brazo de forma que no se agite el péndulo, permitiéndole colgar sobre una parte de la hoja de respuesta o del mapa, y luego desplácelo a través de la hoja como si trazara una reja, hasta que haya un movimiento súbito en el péndulo.

Repita la operación para mayor seguridad. Cuando tenga una posición consistente o «respuesta» del péndulo, acepte la información.

Todo el mundo es capaz de utilizar correctamente el péndulo con cierta práctica. He visto a un joven utilizarlo para averiguar con quién estaba su novia esa noche. Un vendedor lo utilizó sobre un callejero para determinar las calles más favorables de aquella tarde, y sus ventas mejoraron. Un prospector de Arizona lo utilizó sobre su mapa y dio con un lugar que le valió decenas de miles de dólares.

Ha habido muchas ocasiones en que el autor lo ha utilizado, unas veces sobre un calendario para determinar la mejor fecha, con el fin de realizar una actividad con óptimos resultados; sobre una carta astrológica para averiguar el signo de una persona antes de conocerla, para saber de antemano cómo podría reaccionar a la proposición de un negocio; sobre una lista de expertos para saber cuál sería mejor elegir.

Una vez fallé. Estaba en Tokio en un programa de televisión con otros psíquicos, prediciendo el futuro para el año venidero. Para hacer el programa más interesante a los televidentes, el productor dijo que iba a poner la radio para oír la retransmisión de unas carreras de caballos y nos pidió que eligiéramos al ganador.

Aquello no me gustó, pero como no se trataba de resolver problemas humanos, decidí prestarme al juego. Decidí utilizar mi péndulo, lo saqué y lo mantuve sobre la lista de apuestas que se distribuía a todos los apostantes.

En cuanto lo hice, las cuatro cámaras me enfocaron de cerca. He estado en muchos programas de televisión, pero nunca antes había tenido cuatro cámaras enfocando al péndulo, y aquello, lo confieso, me causó cierta tensión. El péndulo se agitaba en todas partes donde lo pusiera. Terminé eligiendo un caballo que no era. Si hubiera sabido leer en japonés y hubiera elegido al favorito, habría salido mejor parado. Fue el ganador.

En cuanto se establecen comunicaciones entre el péndulo y el «yo superior», se puede utilizar cualquier palanca psíquica, como la varita de zahorí o de adivino.

La varita de zahorí se puede utilizar en el campo o en casa, en lugares cerrados, pero no es tan sensible sobre mapas como el péndulo. Las tropas de los Estados Unidos utilizaron varitas de zahorí en Vietnam para localizar túneles del Vietcong. Las técnicas varían. Para servirse de la varita, utilice un palo ahorquillado. Mantenga la horquilla en ambas manos con el resto del palo apuntando hacia delante. Gire y avance hasta que sienta que tira de usted hacia el objeto de su búsqueda.

Sus manos crujen con la energía psicotrónica. Cuanto más se dé cuenta de este hecho, tanta más energía tendrá. Pronto se convertirá en un surtidor de energía que dejará a la gente inconsciente. La fallecida Katherine Kulhman se desarrolló como canal de ese poder en procesos sanadores, y la gente que acudía junto a ella para ser curada se desmayaba en brazos de sus asistentes, pues aquella energía les golpeaba. Ese mismo fenómeno se repite hoy con otros sanadores del país.

Ese poder aumenta si cuenta con el «consentimiento» de la conciencia universal. El Generador Psicotrónico Cósmico está entonces conectado con su mente de forma que su deseo, sea el que sea, se activa con la propia fuerza de la creación.

Los escépticos y malhechores están en el mismo vacío carente de poder. El escepticismo interrumpe el circuito en su conciencia. El mal interrumpe el circuito en la conciencia universal.

Usted puede creer. Luego haga *todo* el bien: 1º, a los demás; 2º, a sí mismo, en este orden... Todo el bien que se le ocurra.

Cómo crear una batería de un vaso de agua que entonces toma su relevo

Otra «palanca» de energía de las manos es el agua. Es muy especial, pues el agua parece ser un estado más próximo que la materia sólida al mundo nebuloso del pensamiento creativo.

El agua y la electricidad son ambos tipos de estados intermedios en el proceso creativo. Los fenómenos magnético y eléctrico suelen ser los más fáciles para que comiencen los psíquicos.

Albert N. empezaba a interesarse por la parapsicología y transferencia del pensamiento. Una mañana estaba describiendo una película de risa a su madre. «Le dice la mujer al psiquiatra: "El teléfono me vuelve loca, nunca suena". Al decir esto, Albert se vuelve hacia el teléfono y dice: "Esto debería bastar. Vamos, teléfono, suena". Antes de que su madre pudiera siquiera sonreír ante aquella salida, sonó el teléfono».

¿Coincidencia? Muy bien; pero escuchen la conversación.

«Dígame. Al habla Albert.»

«¿Albert? Vaya, soy John. He debido marcar el número equivocado.»

Era su mejor amigo de la universidad, el que más «sintonizaba» con él, que había respondido a la «llamada» mental de Albert.

La energía psicotrónica encuentra poca resistencia para propagarse por el agua y la electricidad. Puede usted utilizar el agua para «ordenar» soluciones. Al agua se le llama disolvente universal. Todo se disuelve en ella. Los problemas colocados en el agua atraen soluciones.

Hermes, el filósofo cuya sabiduría hizo de él un dios a los ojos de egipcios y griegos, enseñó métodos secretos a los dirigentes de esos países. Al desvelarse lo oculto, se descubrieron y examinaron los secretos. Tienen sentido hoy a la luz de la investigación psicotrónica moderna.

Uno de los secretos de Hermes era una forma de conseguir lo que se quería utilizando un vaso de agua. Vea lo que desea escudriñando el agua, como si buscara el futuro en una bola de cristal. Bébase el agua con su imagen y todo, sabiendo que la imagen de lo que persigue penetra en cada célula de su cuerpo y lo activa para lograr su realización.

Hoy día sabemos que toda célula viva se halla en contacto con otra célula viva. Active un deseo en las células de su cuerpo, y las células de los cuerpos humanos de todas partes oirán la «llamada».

¿Qué clase de problemas ayuda a resolver el agua? Pues prácticamente todos. He aquí unos cuantos ejemplos:

- Atraer a la persona adecuada para que haga algo que usted desea se haga.
- Obtener un puesto de trabajo o una posición mejores.
- Poner de su parte a la persona adecuada.
- Acabar con una situación que resulta penosa y tensa.
- Hallar la forma de poner de su parte a las personas.
- Comunicarse con alguien, aunque no sepa dónde está.
- Escapar al control o a las exigencias de una persona.
- Crear una fuente de dinero para conseguir cuanto necesite.
- Convertir la debilidad en fuerza.
- Atraer de nuevo junto a usted a un amante al que había perdido.
- Castigar justamente a alguien que está obrando mal.
- Obtener la respuesta a un problema que parece insoluble.

Para llevar a cabo este Plan de actuación necesitará un vaso de agua y una rajita de limón. Lo realizará tres veces. El mejor momento para comenzar es antes de retirarse por la noche a descansar.

Plan de actuación para lograr una solución activada por el agua

Llene de agua un vaso, al menos hasta la mitad.

Exprima en él tres gotas de limón. Esto hace que el agua sea un mejor conductor de energía.

De pie, sostenga el vaso de agua con las yemas de los dedos de ambas manos, asegurándose de que los dedos estén separados y no se toquen (para evitar que fluya la energía psicotrónica de un dedo a otro, y asegurarle así un mayor fluido de energía al agua).

Vuelva los ojos hacia arriba para entrar en contacto con la conciencia universal.

Exponga su problema.

Afirme su confianza en el agua como conductor de su petición de una solución.

Bébase todo el vaso.

Repita esto dos veces más, una al levantarse, y otra durante el día.

Hemos comprobado que se activan las soluciones rápidamente con estas técnicas del agua, generalmente dentro de las 72 horas siguientes.

Cómo pueden los dedos activar el poder superpsicotrónico para hacer realidad sus deseos

Cuando mantiene los dedos separados, su energía psicotrónica sale de sus manos en busca de ayuda exterior. Cuando junta las yemas de los dedos, su energía psicotrónica fluye hacia su propio sistema generativo para crear un «refuerzo» interno.

Un curso mental muy conocido enseña una técnica de tres dedos para alcanzar una mayor conciencia. El estudiante acepta el condicionamiento de que siempre que pone las yemas de los tres primeros dedos juntas, alcanza una mayor conciencia para desarrollar su memoria y su percepción extrasensorial.

Y funciona. Funciona tan bien que durante un tiempo se declaró ilegal esa técnica en un instituto de Florida, al utilizarla una estudiante para responder una pregunta difícil de un examen, leyendo en la mente del profesor. Resultó que ningún otro estudiante supo responder a aquella pregunta porque el profesor no había explicado aquel tema. Al preguntar a la estudiante y descubrir que sabía cómo leer en la mente, se prohibió juntar los tres dedos durante un examen.

La mayoría de los profesores de ese curso mental explican el efecto milagroso de la técnica de los tres dedos como una fórmula condicionada desencadenante. La campanilla de Pavlov era una fórmula desencadenante de la producción de saliva. Para lograrlo, lo único que tenía que hacer era tocar la campanilla siempre que le daba de comer al perro. Entonces la campanita producía saliva. En la técnica de los tres dedos, el estudiante acepta el condicionamiento, y a partir de ese momento funciona.

Pero actúa algo más que un condicionamiento. La energía psicotrónica se concentra hacia dentro para reforzar el proceso pensamiento-acción.

Utilice el siguiente Plan de actuación para aumentar el poder de cualquier Plan de actuación para controlar personas, situaciones, circunstancias, salud y suerte.

Plan de actuación para acelerar los resultados

Lleve a cabo su Plan de actuación.

Ponga los tres dedos juntos en su «habitación especial», o nada más realizar el plan si este no incluye la visita a la habitación.

Sepa que al poner los tres dedos juntos está activando una mayor energía y acelerando los resultados de su plan.

Acepte el éxito.

Morton D., un asesor financiero, se sentía intrigado por el tema de la energía psicotrónica. Pidió más información sobre la investigación científica en este terreno.

«Por qué no deja de estudiarla y empieza a utilizarla —le sugerí, cuando ya no me quedaba más literatura que ofrecerle—. ¿Qué es lo que usted necesita ahora mismo?»

«Un nuevo cliente», replicó.

«Está bien —repuse—, la próxima vez que tenga ocasión de lograr un nuevo cliente, mantenga estos tres dedos juntos.» Levanté la mano izquierda con las yemas del pulgar, índice y corazón juntas.

«¿Y qué más?»

«Y nada más. Eso es todo lo que hay que hacer.»

Morton D. me llamó antes de una semana, eufórico. Había conseguido atraerse al nuevo cliente. Suponía un contrato de 10.000 dólares.

11
Cómo sus ojos pueden dirigir un poder irresistible para lograr que una persona o varias hagan su voluntad

En este capítulo conocerá el poder real de la luz y sabrá cómo su energía psicotrónica puede controlar ese poder con ayuda de sus ojos para ganarse la admiración y el apoyo de personas a las que ni siquiera conoce. Aprenderá a activar a una persona para que le ayude física, intelectual, financiera o emocionalmente utilizando colores especiales. Un Plan de actuación le permitirá contar con la conformidad de otra persona para cualquier deseo suyo.

Cuando John N. Ott, del Environmental Health and Light Research Institute de Saratoga (Florida), se interesó por los efectos de la luz en la salud, descubrió que las células de la hierba se comportaban de modo distinto bajo diferentes colores de luz. Cuando su investigación le llevó más lejos en la escala evolutiva de las células, a estudiar células animales, volvió a comprobar que el cambio de color de la luz utilizada en su microfotografía podía provocar cambios radicales en las células. Podía aumentar su actividad metabólica. Podía incluso matarlas.

Esto le llevó rápidamente a la indudable conclusión de que existía una misteriosa relación entre la luz y el estado mental, así como con la salud física de los seres humanos.

El misterio es hoy menos misterio de lo que era hace diez años, cuando Ott hizo su descubrimiento. Hoy se admite que la luz que penetra a través de los ojos provoca unos impulsos nerviosos que van a la parte baja del cerebro y a la glándula pituitaria. Esta glándula desencadena la liberación de ciertas hormonas. Estas hormonas bien podrían ser la misteriosa relación entre la luz y la salud física y mental. De hecho, se está llevando a cabo actualmente un profundo estudio de lo que se reconoce como *sistema* endocrino retino-hipotalámico.

En este capítulo discutiremos cómo se utiliza hoy esa relación ojo-mente-cuerpo para controlar las condiciones no solo dentro de nosotros mismos, sino dentro de otras personas, aunque estén a distancia.

Contacto del ojo y control que con él se puede ejercer

Una madre está enfadada con su hijo. Le apunta con el dedo y le mira con los ojos muy abiertos. «Vuelve a poner ese cenicero donde estaba», ordena. El niño mira sus ojos, muy abiertos, y obedece.

La gente ha estado controlando a otra persona con la mirada desde siempre, sin saber lo que hacía. Padres a hijos, jefes a subordinados, hombres a mujeres.

Los magos en la tradición del Hermes de antaño utilizaban un baño de ojos magnético a fin de aumentar el poder de sus ojos para controlar situaciones. Hervían una palangana de agua y luego la miraban fijamente, imaginando el rostro de la persona a la que querían controlar y enviando las órdenes que deseaban fueran obedecidas. Al día siguiente, bañaban los ojos en ese agua metiendo la cara en la palangana y abriendo los ojos debajo del agua, girándolos en todas direcciones, repitiendo el proceso siete veces. Ese baño de ojos se decía que acrecentaba el control de la mirada y mejoraba la clarividencia.

El conocimiento moderno de la relajación y sus efectos hace de ella una herramienta mucho más poderosa que el agua magnetizada.

Nora G. se había puesto a escribir un libro con un colega del colegio en el que ambos enseñaban. A la mitad del proyecto, el hombre aceptó un trabajo en otro colegio a miles de kilómetros de allí. Durante años, Nora estuvo escribiendo al profesor tratando de animarle a que siguiera con el manuscrito, pero él decía estar muy ocupado.

Dado que la colaboración del hombre era esencial para el proyecto, Nora estaba muy fastidiada. Representaba su mejor oportunidad para su reconocimiento como educadora. Entonces oyó hablar de los poderes de la mente en el nivel relajado. Utilizó la psicotrónica para tratar de influenciar a su amigo y que reanudara su trabajo en el libro. Se relajó, lo vio responder positivamente. Al cabo de dos semanas recibió una carta de él diciendo que se sentía deseoso de reemprender el proyecto y que estaba seguro de que sería un éxito.

El éxito de Nora se debió al siguiente Plan de actuación.

Plan de actuación para hacer que otra persona haga su voluntad

Vaya a su «habitación especial».
Relájese profundamente.
Vea a la persona a la que quiere influir a unos metros de usted.
Aumente el tamaño de la imagen hasta que pueda verle los ojos claramente.
Mire a la persona a los ojos, abriendo mucho los suyos al hacerlo.
Explique lo que quiere que haga y por qué, sea lógico y razonable.
Termine la sesión.
Repita varias veces al día.

Los pro y los contra de que los demás hagan su voluntad

Siempre ha habido dos clases de personas: las que dan órdenes y las que las acatan.

El hombre ha perfeccionado su capacidad organizativa desde la simple organización familiar a la nación, pasando por la tribu; y en el mundo de los negocios desde el simple trueque hasta las grandes empresas y los complicados conglomerados.

Existen muchos libros sobre la forma de dirigir a las personas, de hacer que hagan lo que usted, como su supervisor, quiere que hagan. Todos esos libros se basan en preceptos psicológicos. No sé de ninguno que se base en preceptos psicotrónicos.

Sin embargo, los dirigentes han utilizado estos preceptos psicotrónicos, aunque no lo supieran. Saque a la luz estos preceptos, deles una metodología, utilícelos bajo control consciente y tendrá una poderosa fuerza para controlar a la gente.

El poder de esa fuerza la hace peligrosa. Al igual que fusiles, bombas y ahora el armamento atómico ponen un peligroso poder en manos de hombres y gobiernos, así la psicotrónica coloca un poder peligroso en manos de los individuos que lean este libro u otros que puedan publicarse sobre este tema como boletines científicos. Suya es la gran responsabilidad de utilizar este poder con prudencia.

Cuando un capataz le dice a un soldador que deje de trabajar en una parte del barco y se ponga a hacerlo en otra, está haciendo lo que él cree acertado para mantener la producción de acuerdo con las prioridades. El soldador puede que no le encuentre sentido dejar un trabajo a medias, y, sin embargo, obedece las instrucciones de su superior.

El proceso que llamamos vida no nos da claramente el orden de prioridades. No es posible medir nuestros deseos por unos patrones lógicos para hallar las prioridades. Por eso hacemos lo que creemos debemos hacer. Seguimos nuestros deseos.

También queremos imponer a otro nuestra voluntad. Y ahí está la dificultad.

El otro también tiene una voluntad. Al contrario que el soldador, no teme que usted lo despida. Usted no es su jefe. En el proceso que llamamos vida, no hay jefes. Cada uno sigue sus propias inclinaciones, su mejor juicio, su propia voluntad. Por eso surgen conflictos.

La vida es un conflicto de voluntades tras otro. Ningún autor puede esperar escribir una novela de éxito si en ella no hay conflicto. La vida sin conflicto no interesa al lector. Resulta sosa, irreal. La vida quizá consiste en la resolución de miles de millones de voluntades.

Los dictadores tratan de reducir las voluntades por el dominio. «Mi voluntad, no la tuya.» A veces hay dictadores benévolos cuya voluntad parece expresar comprensión, compasión, y entiende la necesidad de los demás de moverse libremente dentro de los confines de los dictados del dirigente. Y a veces surge un Hitler.

Examine la benevolencia y verá una cualidad de amor y sintonía. Es como si la voluntad del dictador benévolo estuviera sintonizada con una voluntad universal más extensa.

Tiene usted dos caminos. Puede elegir convertirse en un Hitler. Hasta sus últimas consecuencias. O elegir gobernar a los demás en una forma sintonizada con el universo benévolo. El Plan de actuación de este capítulo funcionará en ambos casos. Pero el final será distinto.

**Cómo sintonizar su voluntad,
de forma que lo que usted quiere
sea aquello que el Universo favorece**

En un capítulo anterior alineábamos nuestro generador psicotrónico con el generador psicotrónico cósmico. Eso nos daba un mayor poder. Sin embargo, siempre que una planta generadora añade poder a la línea, hay que pasar por una operación de planificación. El poder introducido en la línea tiene que tener la misma fase que el poder que ya se encontraba en ella.

El siguiente Plan de actuación tiene ese mismo propósito. Sitúa nuestro poder psicotrónico en la misma fase que el poder de la conciencia universal.

Algunos pueden reconocer en el proceso un tipo de meditación. Yo medito todas las mañanas durante unos minutos, a mi manera. Al meditar confío en sintonizar mi conciencia con la conciencia universal, con Dios.

Si estoy totalmente fuera de onda, es probable que mi conciencia esté diametralmente opuesta a su voluntad. Sin embargo, si estoy totalmente sintonizado, es probable que mi voluntad sea completamente idéntica a la Suya. Por eso cuando me sumo en mi vida alfa y trabajo sobre una mujer de Nueva York que ha de enfrentarse con una operación de cadera a causa de una artritis, y le desaparece el dolor, tengo la esperanza de no haber interferido. Y si alguien me pide que prediga la utilización óptima de un terreno y me niego a hacerlo, espero no resultar antipático.

Cuando voy a mi «habitación especial» para influir sobre una persona y que haga mi voluntad, sé que hay más oportunidades de que así se cumpla, ya que, gracias a mi meditación de la mañana, utilizo mi poder psicotrónico sintonizado con el poder psicotrónico universal. Y por si acaso mi fase no coincide con la suya, añado esta coletilla a mis «instrucciones» a la persona a la que deseo controlar: «Hazlo, si esa es la voluntad universal».

Cuando se medita, todo lo que se hace en realidad es «nada». Requiere cierto conocimiento eso de no hacer nada. Pero ahora usted ya tiene ese conocimiento. La meditación requiere el conocimiento de relajar el cuerpo y la mente. Usted sabe cómo hacerlo. La meditación requiere el conocimiento de la presencia de la conciencia universal. Usted lo tiene.

La meditación requiere saber convertirse en parte amorosa de la conciencia universal. Lea este Plan de actuación y sabrá cómo lograrlo. Hágalo entonces.

Plan de actuación para situar su poder psicotrónico en la misma fase que el del Universo

Vaya a su «habitación especial» y relájese profundamente.
Visualice una luz descendiendo de la claraboya y envolviéndolo a usted.
Aumente la intensidad de la luz girando lentamente un mando imaginario.
Siéntase bañado en esa potente luz, comprendiendo que se trata de la luz que ilumina su conciencia y su inteligencia.
Tenga conciencia solamente del *aquí* y *ahora*.
Sea.
Termine la sesión sintiendo amor y unicidad con la conciencia universal.

Este Plan de actuación tiene dos efectos. Sintoniza su voluntad con el propósito y la voluntad universal. Esto significa que cuando usted pretende que los demás hagan su voluntad, tiene más probabilidades de lograr su empeño. El segundo efecto consiste en que aumenta sus probabilidades de llegar a una decisión inteligente.

Cómo aumentar su coeficiente intelectual (CI) y ganarse la admiración y el apoyo de los demás

Durante generaciones, los psicólogos han estado afirmando que la inteligencia es un factor hereditario y no del entorno. Recientemente, muchos psicólogos han decidido reconsiderar la cuestión.

Han comprobado que el concepto de sí mismo afecta a la inteligencia. Los estudiantes de las zonas socioeconómicas débiles, de quien los profesores esperan resultados escolares pobres, tienden a confirmar las escasas esperanzas que sus enseñantes ponen en ellos. Cuando se hace algo por cambiar la situación, como el experimento que trasladó a unos niños de una escuela elemental de Boston a un aula de la universidad de Harvard, los estudiantes confirman las esperanzas que se depositan en ellos. Los alumnos lentos y atrasados sobrepasan incluso a la media.

En octubre de 1976, los descubrimientos de los investigadores de la universidad de Hull, en Inglaterra, y de Princeton, en Nueva Jersey, revelaron que uno de los psicólogos británicos más respetados de su tiempo —el fallecido Sir Cyril Burt—, había, al parecer, falsificado sus estadísticas para demostrar que la inteligencia es hereditaria. Esa creencia se había aceptado en gran parte debido a su investigación. Ahora se reconsidera muy seriamente esa teoría a la luz de la evidencia de todo lo contrario.

El autor experimentó un aumento de su propio CI a raíz de sus experimentaciones sobre el desarrollo de la conciencia, conocido hoy como psicotrónica. En 1943 sacó 144 en un test de inteligencia. Alrededor de 1965, cuando trataba de ingresar en la Mensa Society, obtuvo 148, insuficiente para entrar a formar parte de ese restringido dos por ciento de la población susceptible de ser miembro de la Sociedad. Luego, en 1973, siguió un entrenamiento de 40 horas de utilización subjetiva de la mente, y volvió a pasar el test de inteligencia requerido para convertirse en miembro de la Mensa, y en esa ocasión obtuvo una puntuación más que suficiente.

Cuanto más medite siguiendo el anterior Plan de actuación, tanto más abrirá su mente a un funcionamiento más inteligente.

Es a la persona con inteligencia superior a quien todos recurren en busca de consejo. No hay necesidad de test. La conciencia iluminada se escucha instintivamente, se la respeta, se la obedece. Usted controla a los demás a pesar suyo. ¿Se da cuenta de lo que significa para usted esa nueva comprensión de la inteligencia humana?

Usted no es estúpido, aunque le hayan dado «cien vueltas» personas arrogantes. Y entre ellas incluyo a sus padres y educadores. Usted es incluso más inteligente que una persona normal. ¿Cómo es de inteligente exactamente?

Es usted tan inteligente como quiera serlo. Usted puede elegir ser una persona estúpida. Algunos de ustedes puede que lo hayan sido durante años. Usted puede cambiar ese trato que hizo consigo mismo y hacer uno nuevo. ¿Le apetece ser una persona de inteligencia superior? ¿Se ve a sí mismo siendo inteligente, prudente, sabio? El «trato» significa la aceptación de esa imagen suya.

Realice el siguiente Plan de actuación para desencadenar su nueva aceptación de una imagen suya mejor y para permitir un nuevo trato consigo mismo y alcanzar una inteligencia superior.

Plan de actuación para alcanzar un mayor CI

Vaya a su «habitación especial» y relájese.
Véase a sí mismo admirado por los demás.
Realice el anterior Plan de actuación utilizando el reóstato para subir la intensidad de la luz.
Vuelva a verse admirado por los demás.
Repita el Plan de actuación del reóstato.
Ahora véase a sí mismo proclamado líder por los demás. Utilice imágenes apropiadas a su estilo de vida. Por ejemplo:

- Es usted un héroe al que sus colegas llevan a hombros.
- Ocupa un despacho enorme.
- Le dan una cena homenaje; escucha los discursos que lo alaban.
- Tiene un camerino con una estrella en la puerta.

Termine el Plan de actuación afirmando: «Tengo acceso a una inteligencia sin límites. Me estoy convirtiendo en un genio cada vez mayor a cada paso mental que doy».

Cómo dar órdenes mentales en nítido tecnicolor

En el Cap. 5 discutíamos de los colores y sus efectos. Ahora estamos preparados para revisar lo que decíamos a la luz de nuestros progresos y para empezar a utilizar el color en los Planes de actuación, reforzando con ello la acción y efectividad del plan.

Puede usted invitar a una persona (en su imaginación) a entrar en su habitación especial del Plan de actuación y tener con ella una charla que cambiará las intenciones de esa persona para conformarlas con sus propias intenciones.

Al estudiar los ingenieros psicotrónicos la fotografía Kirlian, encuentran en ella un significado en el aura humana o radiación psicotrónica. Con ese conocimiento puede usted colorear provechosamente sus imágenes mentales.

Volvamos a examinar qué colores pueden añadir fuerza a sus órdenes mentales. Iremos desde el rojo del espectro hasta el violeta.

El *rojo* es el color de la energía. Mueve a la acción. Si una persona está deprimida, apática, sin interés, perezosa, puede usted moverla a actuar en su provecho utilizando el color rojo.

El *anaranjado* es un color social. Anima a mezclarse con los demás, a reunirse, y beneficia las relaciones de venta. Si quiere animar a una persona solitaria a que se convierta en miembro efectivo de un grupo, el color es el anaranjado.

El *amarillo* actúa sobre el cerebro y el sistema nervioso. Si una persona se siente nerviosa por tener que trabajar con usted o se siente intelectualmente insegura, utilice el amarillo.

El *verde* es un color sedante, curativo. Si a alguien le resulta penoso algún aspecto de su trabajo con usted, proyecte paz y desarrollo utilizando el verde.

El *azul* es el color del afecto. Si una persona siente hostilidad hacia usted, propóngale algo enviando color azul.

El *violeta* y el *púrpura* son colores que levantan el espíritu. Si una persona tiene sus dudas acerca de la ética o moralidad de las buenas intenciones de usted, envíe el violeta.

El color todo lo ordena: cierto. Sea sincero y de buena fe en sus afanes por el bien común y moverá a quien usted quiera a hacer su voluntad.

He aquí el Plan de actuación que utiliza esos colores y añade fuerza a su control mental sobre los demás.

Plan de actuación para reforzar sus órdenes por medio del color

Vaya a su «habitación especial» y relájese.
Invite a la persona a la que desea activar.
Rodee a esa persona con la luz apropiada mientras le presenta sus razones y sus deseos.
Complete el Plan de actuación como corresponda.

Tiene perfecto derecho a tratar de convencer a los demás de que hagan lo que le conviene, si cree usted que ese es el bien común. Su convencimiento de que así es será válido si utiliza con frecuencia la luz blanca sobre sí mismo.

El blanco es el espectro luminoso completo: todos los colores juntos. Es la luz universal equilibrada. Le puede mantener a usted equilibrado con los propósitos universales de crecimiento y solución de problemas. Ayuda a su poder psicotrónico a mantenerse «en fase» con el poder psicotrónico universal. Por eso es aconsejable realizar el Plan de actuación para ponerse en fase antes de decidirse a utilizar el refuerzo de sus órdenes por medio del color.

La ley del karma, subrayada en psicotrónica

Dijo San Pablo: «No os engañéis, a Dios no se le burla. Porque lo que siembra el hombre, eso recogerá». En el mundo hindú se le llama a esto la ley del Karma. La ley establece que el hacer el bien engendra una recompensa buena, y el hacer el mal engendra su propia recompensa, es decir, el castigo.

Cuando se considera la ley del Karma o la analogía del sembrador-segador de San Pablo, a la luz de la psicotrónica, se entiende mejor la operación del principio, el bien-engendra-el bien.

No hay necesidad de aceptar un concepto de un dios humanoide pesando cada acción en la balanza del bien y del mal y recompensando o castigando después. En lugar de eso, se ve que la energía de conciencia individual desencadena una respuesta en la energía universal de conciencia de la cual forma parte el individuo. Por eso el individuo, al formar parte de ella, se ve afectado por la recompensa o castigo que él mismo ha desencadenado.

Cleve Backster conectó una planta a un polígrafo (detector de mentiras) y obtuvo una reacción cada vez que pensaba en hacer daño a la planta. La planta captaba su pensamiento y mostraba una reacción en el aparato incluso antes de que se moviera para coger las cerillas y quemar la hoja o las tijeras para cortarla. Sin embargo, si no tenía realmente intención de hacer daño a la planta y solo lo pensaba para leer la reacción en el aparato, no había reacción. La planta parecía saber cuándo tenía intención de hacer daño y cuándo no. El motivo es la clave.

No se puede engañar a la conciencia universal con pensamientos de cartón piedra o con sentimientos falsos. El verdadero motivo oculto es lo que provoca y determina la recompensa o el castigo. Esto lo han entendido desde hace mucho predicadores y moralizadores. Ahora es un hecho científico.

Por nuestro propio bien, tenemos que controlar a los demás con el poder psicotrónico, pero no como hace un negrero con sus esclavos, sino como un gobernante al pueblo.

Lo que ocurre realmente dentro de la persona a quien se controla

Un hombre ve una viña. La cepa está cargada de racimos. Le tientan. Imagina su sabor. Siente su suculencia. Avanza, coge unas cuantas uvas y se las mete en la boca, una tras otra.

Un niño toca un cacharro en la cocina. Retira la mano inmediatamente porque quema.

En el caso de las uvas, el acto voluntario estuvo precedido por el pensamiento. En el caso del cacharro caliente, hubo un acto involuntario que no requería pensamiento.

El hipnotizador puede crear un comportamiento deseado en un sujeto. Esta clase de control se hace automático. La persona así controlada, incluso aunque no esté en estado hipnótico, cumplirá las instrucciones de una forma involuntaria que no requiere pensamiento. Se comporta como un autómata.

El ingeniero psicotrónico —que es usted ahora— puede crear un comportamiento deseado en un sujeto, pero ese comportamiento no es automático. El sujeto actúa voluntariamente tras un pensamiento apropiado.

Tanto el hipnotizador como el ingeniero psicotrónico tienen una responsabilidad a la hora de utilizar su poder para hacer el bien. Pero el ingeniero psicotrónico quizá esté en mejor posición ética. Obtiene el consentimiento de su sujeto a nivel supraconsciente, utilizando la razón. Cierto que está imbuyendo respuestas condicionadas normales y comunicando en un terreno subjetivo, pero sigue siendo una comunicación válida. Ahí es donde se producían la mayor parte de las comunicaciones humanas antes de la invención del lenguaje, y donde se realiza la mayor parte de la comunicación en la naturaleza.

El contacto visual requiere un frente a frente en el hipnotismo. Verá al hipnotizador abrir un poco más los ojos al sostener la mirada del sujeto. El contacto visual en psicotrónica se realiza en un nivel subjetivo o imaginario. El hipnotizador utiliza los ojos para lograr una sumisión. El ingeniero psicotrónico utiliza los ojos para inducir el consentimiento en lo que podría describirse como actuación telepática. Si usted estuviera controlado por un hipnotizador no sabría por qué se quita los zapatos a mediodía. Si hubiera una razón válida —y en este caso se podría dar alguna—, usted se los quitaría, sabiendo exactamente por qué lo hace, pero posiblemente lo que no sabría es cómo recibió la información.

En cualquiera de los dos casos, el sujeto puede resistirse. En el caso del sujeto hipnotizado, el que no se quite los zapatos en público puede resultar algo terrible. En el caso del sujeto motivado a través del poder psicotrónico, también puede haber ciertos condicionamientos en contra de quitarse los zapatos delante de los demás. Entonces el sujeto buscará otra forma de llevar a cabo lo que usted quería que hiciera. En ambos casos, la resistencia podría causar malestar.

Sidney L. era un alumno principiante en el instituto donde el autor daba un curso acelerado de hipnotismo. Era un buen sujeto y cooperó eficazmente en varias demostraciones. Sin embargo, en una sesión, para dar a la clase una sensación de lo que era una respuesta condicionada, les puse en un estado de ligero trance (alfa) y les di a cada uno una orden que tenían que cumplir cuando yo dijera la palabra «Philadelphia».

Terminé la sesión y empecé a hablar del viaje que me disponía a realizar: «Visitaré Philadelphia». Al oír aquella palabra, cayeron al suelo zapatos, volaron libros, saltaron algunos estudiantes y se cumplieron las órdenes que había dado previamente, excepto Sidney L., a quien había ordenado que apagara las luces de la clase. Su resistencia fue un alivio porque quería que uno o dos estudiantes describieran sus sentimientos al «resistirse».

—¿Te sientes bien? —le pregunté a Sidney.
—En absoluto —repuso.
—¿Te sentirías mejor si apagaras ahora las luces?
—Claro que no.

Dejamos el tema. Al cabo de unos minutos tocó la campana, se acabó la clase y los estudiantes empezaron a salir. Un estudiante apagó las luces. ¿Sabe quién?

Comparemos este caso con el de Helen P. Había aprendido a utilizar su poder psicotrónico. Quería levantar una valla entre su propiedad y la de su vecino, Ralph S., pues la gente cruzaba por sus propiedades para atajar. Le parecía que Ralph tendría que compartir los gastos con ella. Realizó un Plan de actuación y más tarde se fue a verlo para hablarle de lo de ir a medias en los gastos. Se negó en redondo. Dijo que no quería gastar ese dinero.

Helen repitió el Plan de actuación varias veces a lo largo de la semana siguiente.

«Creo que tiene usted razón con lo de la valla —dijo—. Suponga que usted compra los materiales y yo me encargo de la instalación.»

Naturalmente, ella aceptó. La mano de obra era lo más caro de todo. Su Plan de actuación le estaba creando un problema a Ralph. Invirtió el resultado para resolver el problema.

La resistencia en psicotrónica se debe con frecuencia al hecho de que se crean problemas. Hay que dar las órdenes de tal manera que las soluciones que ofrezcan no creen problemas secundarios.

Utilización de fórmulas para obtener lo que se desea

—Mr. Stone, ¿puede usted ayudarme?

Shirley W. era una estudiante de mi clase de percepción extrasensorial en la universidad y salía del aula cojeando.

—Creo que me he dislocado un tobillo esta mañana jugando al tenis. Me duele mucho.

—¿Qué bebida le gusta? —Pareció sorprendida.

—Pues... creo que el té helado

—Cada vez que se tome un sorbo de té helado, acelerará la mejoría.

Dos días después volví a verla.

—Gracias —me dijo—. Me hice té helado al llegar a casa. Se me pasó en tres horas en lugar de en tres días, como yo creía.

—No me dé a mí las gracias —repuse—. Yo no hice nada; fue usted misma.

Observe que no le dije a Nancy qué bebida tenía que tomar. Eso hubiera sido recetar. En realidad no importaba de qué bebida se tratase. Por eso le dejé «recetar» a ella. Luego, cuando se marchó, me fui a mi «habitación especial», le apliqué un analgésico imaginario en el tobillo, le puse un «corrector de ligamentos y de huesos» y «vi» cómo mejoraba el tobillo con cada sorbo de té.

El té helado actuó como fórmula desencadenante de la curación. El comprender esto le ayudará a aceptar los sorprendentes resultados que las fórmulas desencadenantes pueden producir cuando utiliza los ojos para «verlas» actuar de otras maneras.

Mark D. y Dan L. compartían un piso. Tenían diferentes trabajos y diferente horario, por lo que no se veían mucho; pero siempre que lo hacían, Mark tenía muchas cosas que decirle a Dan sobre la forma en que dejaba sus cosas tiradas y sobre su falta de colaboración a la hora de hacer las labores de la casa. A Dan le traían sin cuidado las reprimendas y Mark empezó a buscarse otro alojamiento.

Uno de los colegas de Mark le habló de un curso de control de la mente. Lo siguió. Empezó entonces a utilizar lo que había aprendido para resolver el problema que tenía con el perezoso Dan. Fue a su «habitación especial» imaginando a Dan y viéndolo apreciar cada vez más la limpieza del apartamento conforme iba avanzando por él. Utilizó los pasos de Dan como fórmula desencadenante. También rodeó a Dan de una luz roja de energía.

En unos días, camisas tiradas y periódicos empezaron a desaparecer. Ya no había platos sucios en el fregadero. Al cabo de una semana, Dan sacó la aspiradora por primera vez. Y Mark dejó de buscar otro apartamento.

Su Plan de actuación es semejante.

Plan de actuación para acarrear la sumisión

Vaya a su «habitación especial».

Visualice a la persona como si estuviera realmente allí.

Mire a la persona y dele un argumento lógico, razonable, para que se someta a sus deseos.

Vea empezar esa sumisión cuando se activa un motivo desencadenante (ver más abajo). Vea una mayor sumisión cada vez que se repita la activación de la fórmula desencadenante.

Termine la sesión con la declaración de que desea esa sumisión solo si sigue las coordenadas del propósito universal y resuelve problemas en lugar de crear otros nuevos.

Puede utilizar como motivo desencadenante cualquier simple movimiento, sonido, visión, gusto u otra sensación. Otras fórmulas desencadenantes pueden ser:

- Ver a un miembro del sexo contrario.
- Utilizar un utensilio de comer.

- Subir unas escaleras.
- Pisar el acelerador del coche.
- Hablar.
- Respirar.
- Oír las campanadas del reloj.

Los entrenadores pueden lograr mejores marcas en su equipo; los enamorados, un mejor comportamiento amoroso en su pareja; los empresarios, un trabajo más eficiente en sus empleados; los maestros, un mejor aprendizaje en sus alumnos.

Puede utilizar esta fórmula desencadenante consigo mismo, también. Véase a sí mismo en su «habitación especial» como en un espejo. Mantenga el contacto visual consigo mismo. Convénzase de lo razonable de la mejoría que quiere usted que se realice o de la actividad que desea llevar a cabo. Véase a sí mismo avanzar en esa dirección cada vez que se toma un vaso de agua o realiza cualquier actividad común que se convierte entonces en motivo desencadenante.

Los artistas pueden lograr una mayor habilidad; los escritores, alcanzar una mayor creatividad; los vendedores, conseguir más confianza y entusiasmo.

Antes de comenzar el siguiente capítulo, decida cómo le gustaría mejorar su trabajo, su profesión o su vida social. Realice un Plan de actuación en el que presente las razones y luego véase desencadenando mejorías varias veces al día.

Acepte mi felicitación de antemano.

12
Cómo utilizar el poder psicotrónico para predecir el futuro... El suyo o el de los demás

En este capítulo aprenderá a utilizar la facultad de soñar para obtener respuestas sobre el futuro, y a tener representaciones mentales que usted sepa con seguridad que le predicen el futuro igual que si tuviera una bola de cristal interior. Y en este capítulo se revela el secreto último: cómo utilizar la energía psicotrónica para cambiar acontecimientos desagradables que vea en su futuro.

Si su conciencia forma parte de una más amplia conciencia que llamamos conciencia universal, ¿por qué no podemos obtener inteligencia en cualquier parte, en el pasado, en el presente o en el futuro?

La respuesta es que podemos. Hablemos del futuro. ¿Habrá un terremoto? ¿Subirá la Bolsa? ¿Encontraré el gran amor de mi vida? Usted puede responder a esas preguntas utilizando la energía psicotrónica.

Tomemos la primera pregunta acerca de un posible terremoto. Los animales conocen la respuesta. En un zoo de California, cerca de San Andreas Fault, se está realizando un estudio sobre cómo cambia el comportamiento de los animales unos días antes de un temblor. Los animales poseen energía psicotrónica. Están relajados y se sumen en su nivel subjetivo o alfa de la mente con más frecuencia que nosotros. Perciben un «malestar» sin tener conciencia de lo que ocurre.

Usted puede superar a los animales, pues es capaz de recibir información de terremotos según su voluntad, en cuanto quiera, y percibirla a una mayor distancia en el futuro. En este capítulo veremos de qué forma se consigue hacerlo fácilmente.

Pasemos ahora a la segunda pregunta: ¿subirá la Bolsa?

Hace poco le pidieron al autor que dijera unas palabras en el almuerzo del Rotary. Era a principios de enero y querían que hiciera unas predicciones sobre economía, especialmente en el mercado de valores. No sé absolutamente nada de la Bolsa, pero me resultaba fácil «ver» que ese mismo mes iba a subir bastante, que luego sufriría tres retrocesos a lo largo del año, y mencioné los meses en que se producirían las bajas.

—¿Subirá más que el nivel mil de Dow Jones? —preguntó un miembro del club.

—No —repuse—. Alcanzará esa cota unas cuantas veces, pero no la sobrepasará.

Esas predicciones resultaron acertadas en un cien por cien. Las primeras veces que me ocurrió me sorprendió mucho. Me parecía que estaba adivinando, pero ¿cómo podían ser tan exactas meras suposiciones? En este capítulo les presentaremos el método de «adivinar» con certeza.

Y ahora veamos la pregunta número tres, sobre el gran amor. Sí, en este capítulo veremos cómo determinar el momento en que lo encontrará en su vida.

Puede usted predecir con seguridad todas las materias que afecten a su supervivencia o a la supervivencia de otros. La supervivencia depende de fenómenos naturales, del dinero y del amor.

El secreto que se oculta tras la predicción acertada

Si usted viviera en Hawai como yo, donde casi la mitad de la población es de ascendencia japonesa, desarrollaría un gran interés por conocer el Japón. Yo sentí aquel deseo y entonces empecé a visualizar qué ocurría. No tardé en recibir una invitación de una revista japonesa para que realizara unas predicciones sobre los asuntos financieros y políticos del Japón. Lo hice siguiendo las técnicas que se explican en este capítulo. Se publicaron las predicciones y resultaron exactas en un ochenta y cinco por ciento.

Aquello no hizo sino alimentar mis deseos de visitar Tokio, por lo que empecé a utilizar mi poder psicotrónico. Señalé con las manos hacia restaurantes japoneses, mis ojos observaron a los visitantes japoneses. Me «vi» a mí mismo en Tokio.

Pocas semanas después recibí una invitación para visitar Tokio y hacer predicciones para 1976. Un canal de televisión pagaba todos mis gastos. Durante las dos horas del programa me probaron con toda clase de predicciones. Por ejemplo, trajeron al escenario a un joven.

«Díganos su futuro», me pidieron a través de un intérprete. Conecté con el Generador Psicotrónico Universal e inmediatamente obtuve la información de que estaba a punto de emprender una nueva aventura, de que saldría de la isla, de que tendría éxito pero que no sería permanente.

Mientras el intérprete traducía lo que había dicho yo, el hombre empezó a sonreír. Era un artista de cine japonés que se disponía a salir de la isla para hacer una película importante. Lo que yo le decía y él no sabía era que su película iba a ser un éxito. Luego vi que era una de sus mejores interpretaciones.

Nuestra detección «psíquica» de información —es decir, por medios que no sean nuestros cinco sentidos— se da todo el tiempo. Pero la censuramos. Descartamos este o aquel pensamiento, porque no lo deducimos de algo que nos entra por los ojos, por los oídos, por la nariz, por la boca o por la piel. Al no adquirirlo de esa manera, concluimos que es una suposición. La información obtenida psíquicamente se identifica, por tanto, con una adivinación, y la descartamos.

Los que practicamos con nuestro funcionamiento psíquico para controlarlo, nos vemos asaltados por las mismas dudas y sospechas cuando recibimos información psíquica. «Me da miedo decirlo, porque es una conjetura.» Es normal ese sentimiento ante la certidumbre psíquica.

En realidad, lo único que cambia cuando empieza usted a funcionar como psíquico es que detecta información, la que quiere y cuando quiere, sin utilizar los cinco sentidos.

La información que recibe psíquicamente «se siente» igual que la demás información que se recibe. No suenan campanas. No se oyen sirenas. No hay una voz que musite a su oído: «Soy Dios contestando a tu llamada. Sobre eso que me preguntas..». No ocurre nada de eso.

Prepárese para aceptar sus suposiciones. Prepárese para adivinar cada vez con más frecuencia. Luego espere el milagro: un desfile de suposiciones correctas. Este es el secreto de la predicción cierta: *confiar en las suposiciones.*

Si su actitud es de duda y sospecha, obtendrá una información dudosa y sospechosa. Si su actitud es confiada, obtendrá una información en la que podrá confiar.

George A. había seguido un curso comercial para el desarrollo de la percepción extrasensorial. Cuando al concluir el curso demostró haber estado acertado, dijo que había sido «por suerte». Pero conservaba la esperanza. Por eso se apuntó al curso siguiente: prácticas avanzadas para los graduados del curso que acababa de seguir.

El instructor estaba exponiendo las conclusiones al término de las prácticas cuando George levantó la mano.

—No puedo hacerlo —le dijo al instructor—. Es que no puedo.

El instructor, quizá un poco disgustado por esta exclamación de negatividad al llegar a ese punto de las prácticas, le ordenó:
—¡Ponte en pie, George!
George se levantó, preguntándose qué iba a pasar.
—Tengo una tarjeta en el bolsillo. En ella están los datos de Mary Smith, de treinta y dos años, que vive en la Quinta Avenida, en Nueva York. Voy a avanzar hasta donde tú estás, y antes de que llegue a tu sitio quiero que me digas qué enfermedad tiene.
George musitó una protesta, pero el instructor empezó a andar por entre las mesas hacia él.
—¡Cáncer en el pecho; le han amputado el brazo izquierdo! —exclamó George.
El instructor sacó la tarjeta de su bolsillo y se la enseñó. Este abrió mucho los ojos. Había acertado plenamente.
El instructor no le había dado tiempo de insertar dudas y de aportar datos dudosos. Tenía que confiar en cualquier cosa que se le ocurriera. Cuando se tiene conciencia de confianza, se obtiene información de confianza.

Sueños premonitorios y cómo controlarlos

El gran psíquico Edgar Cayce detectaba toda su información a distancia, hacia delante y hacia atrás en el tiempo, sumiéndose en un ligero sueño. Hablaba en sueños y no recordaba lo que decía, por lo que tenía un secretario que tomaba nota de la información.
Cayce creía que el espíritu del hombre, incluyendo su habilidad mental, es parte del «gran espíritu total». Por eso todas las respuestas pueden venir a través del espíritu del hombre, de su funcionamiento mental.
Desde siempre se han visto los sueños como fuente de profecía. Los antiguos oráculos realizaban muchas de sus adivinaciones a

través de ellos. El lenguaje de los sueños es distinto del lenguaje del que sueña: consiste casi siempre en símbolos y representaciones que requieren una interpretación. El primer «diccionario» de sueños lo escribió, alrededor del año 150 antes de Jesucristo, Artemidoro, un psíquico griego. Constaba de cuatro grandes volúmenes. Los libros de sueños son más compactos hoy, pero los sueños no son menos misteriosos.

Si pudiéramos recordar y comprender todos los sueños que tenemos, podríamos reconocer en cada sueño una valiosa información sobre nuestra supervivencia. Los sueños nos ponen delante un espejo y nos dicen: «Esta es tu actitud» o «Esto es lo que estás haciendo». El mensaje es que tendríamos que cambiar, o de lo contrario... Pero incluso conociendo el mensaje no es fácil cambiar. Tendemos a hacer caso omiso de las advertencias, incluso de las del médico.

Una mujer interpretó que un sueño significaba que si seguía viviendo en aquella promiscuidad, contraería una enfermedad venérea. No hizo caso de la advertencia y el sueño se hizo realidad. Un hombre interpretó su sueño en el sentido de que si no era más amable con sus colegas, perdería el empleo. No cambió y perdió el trabajo.

Si usted valora un consejo, sígalo. Si le interesan las advertencias que le dan sus sueños, especialmente sobre el futuro, he aquí cómo controlar el funcionamiento del sueño de forma práctica.

El sueño profético: cómo tenerlo, recordarlo y comprenderlo

Usted puede ordenar un sueño.
Puede encargarlo más fácilmente de lo que se rellena un impreso. Psicólogos y psiquiatras lo han estado ignorando aun cuando algunos han escrito profesionalmente sobre sus resultados positivos. Cursos co-

merciales han establecido un método de realización, incluyéndolo en sus senseñanzas como parte de sus programas de control mental.

La clave para encargar un sueño y tenerlo es la *necesidad*. Si el sueño que usted quiere le va a ayudar a conocer la causa de un problema de salud en usted o en otro, ese sueño está asegurado. Si el sueño le va a ayudar a mejorar su condición financiera, tendrá ese sueño. Si el sueño ha de responder a una pregunta de amor, ya está encargado.

Si el sueño concierne a algo que va a ocurrir en el futuro, su motivo tiene que ser algo más que la curiosidad. Su motivo tiene que implicar salud, dinero, amor u otros factores esenciales a su supervivencia. La curiosidad puede incluso interferir con su supervivencia. Recuerde cómo le costó la vida al gato. El desear un sueño sobre el futuro para que le ayude a resolver un problema, asegura ese sueño.

Este es el Plan de actuación para tener ese sueño.

Plan de actuación para tener un sueño
sobre el futuro que resuelva algún problema

Retírese en la forma acostumbrada.
Antes de quedarse dormido, cuando se sienta relajado y adormilado...
Dígale a su mente —como si tuviera una personalidad propia— que quiere tener un sueño para resolver un problema específico.
Identifique el problema, explicándolo con palabras.
Añada que quiere no solo tener ese sueño, sino recordarlo y comprenderlo.
Duérmase.

Puede que se despierte alguna vez durante la noche después del sueño. Duerma con papel y lápiz cerca de la cama para poder escribirlo. Los sueños suelen desvanecerse y olvidarse con el tiempo. Escríbalo en un papel. Cuanto más escriba más recordará, y más valiosa le será la información. O bien, puede que se despierte por la mañana con el sueño. De nuevo, escríbalo aunque crea que es tan vívido que no lo podrá olvidar nunca.

Arthur R. sufrió un ataque de vesícula. El dolor era tan insoportable que tuvo que ser trasladado al hospital en donde los rayos X confirmaron las piedras. Decidió posponer la operación que su médico recomendaba se hiciera de inmediato.

Poco después de ser dado de alta en el hospital sufrió otro ataque.

En esa ocasión los rayos X no descubrieron ninguna piedra. Sin embargo, el médico volvió a recomendar que se extirpara la vesícula; pero Arthur, que creía había una probabilidad de que hubiera expulsado las piedras, volvió a negarse.

De vuelta a casa, seguía sintiendo ligeros dolores que demostraban que todo no iba bien. ¿Tendría otro ataque? Decidió pedir tener un sueño en el que viera qué le esperaba.

Realizó el anterior Plan de actuación y se despertó a la mañana siguiente con un sueño muy vívido en el que se hallaba sentado junto a la piscina de su edificio un día de mucho sol, pero que no podía bañarse porque la estaban limpiando. El conserje tenía una escoba muy larga y limpiaba el fondo de la piscina, empujando la suciedad hacia el desagüe.

Lo que le dijo ese sueño a Arthur fue que en los próximos meses no iba a tener un ataque como los dos anteriores, pero que tendría molestias porque su vesícula se estaba limpiando de suciedad, no de piedras, y esa suciedad pasaba por conductos muy finos. Y así resultó ser.

Lo mejor es utilizar este Plan de actuación cuando se está a punto de dormirse. Sin embargo, algunos no logran relajarse del todo si tienen en mente un propósito como este. Por eso nunca llega el borde del sueño. Para otros, la frontera del sueño llega tan rápida y precipitadamente que la traspasan, y llega la mañana con el Plan de actuación fallido.

En este caso, el procedimiento que habría que seguir sería retirarse; y en cuanto se está en la cama, imaginar que se está en la «habitación especial», relajarse y luego llevar a cabo el resto del plan.

Cómo ver el futuro interpretado ante usted en un escenario con todo detalle

Tiene usted un «sitio especial» que es mucho más especial de lo que cree. Aunque lo haya utilizado ya para controlar a la gente, para lograr riquezas, para mejorar su suerte y su vida, sigue teniendo una ligera noción de su potencia real.

No hay nada que se le pueda escapar del pasado, presente y futuro, cerca o lejos. En unas pocas páginas le voy a decir cómo utilizar ese lugar especial para ver acontecimientos futuros como si se representaran en un escenario ante sus ojos.

Pero antes de hacerlo necesito que me preste toda su atención. El procedimiento se lleva a cabo con energía psicotrónica. A estas alturas ya sabe que es una energía que puede utilizarse para hacer el bien o el mal.

Observemos a un practicante de vudú, quizá en Haití. Toma un poco de marga y de cera, lo mezcla con agua y lo modela para formar un muñeco. Cuando aún está blando, le inyecta un fluido de arriba abajo. Puede incluir una o dos gotas de su propia sangre o esperma. Sella la abertura, frota la figurita con las dos manos y le echa el aliento como si le insuflara el hálito de la vida. Ahora repite una y otra vez sobre ella el nombre de la persona que la figurita representa.

Ahora ya está listo para hacer su trabajo sucio. Cualquier cosa que le haga a la figurita —como atravesarla con un palo o un alfiler— se proyectará sobre la víctima. Pero...

Suponga que vacila y que duda sobre lo que va a hacer. A lo mejor piensa que quizá no debiera hacerlo porque no serviría a la causa de la justicia. O quizá piense que no puede hacerlo porque se le ha acabado el poder, o porque nunca lo ha tenido. ¿Qué ocurre entonces? ¿Funcionará? Apuesto a que no.

Tomemos ahora en cambio al practicante de magia blanca. Está sentado en medio de un grupo que reza unido, examinando a una persona en estado crítico de salud, y ve a esa persona en perfecto estado. La persona se cura de su enfermedad. Esta vez el curandero hace una observación negativa al grupo, como: «Este pobre hombre está acabado». ¿Habrá curación también en este caso? Apuesto a que no.

La psicotrónica realiza su magia blanca o negra con éxito solo cuando no hay lugar a dudas. Por eso les recuerdo que, malo o bueno, el factor duda actúa sobre la energía psicotrónica como una resistencia eléctrica actúa sobre la energía eléctrica.

Puesto que las leyes físicas no explican cómo puede nuestra mente trascender el espacio y el tiempo, la duda resulta particularmente perjudicial en estos casos.

Tomemos el espacio. Cuando yo estaba aprendiendo a proyectar mi inteligencia a través del espacio, le pedí a un colega que me probara con una persona que conociera él a cierta distancia de allí y que tuviera alguna enfermedad. Eso era un poco jugar con ventaja porque detectar una información de salud —y siendo la salud una primera necesidad para la supervivencia— es la información más fácil de obtener, a través de paredes o de grandes distancias. Mi colega me dio el nombre de una persona que residía a unas cinco mil millas de allí.

—La oreja derecha —dije de pronto.

—¿Qué le pasa?

—¡Qué tontería! —exclamé—. ¡Es tres veces mayor que la oreja izquierda!

Luego, después de una pausa:

—Creo que precisamente se está haciendo así de grande para llamar mi atención. Voy a comprobar.

Proyecté mi conciencia dentro de la oreja y por el oído y vi que el tímpano estaba perforado. Lo cosí. Cuando terminé mi sesión psicotrónica mi colega me confirmó que esa persona tenía problemas con el oído derecho. Ambos sonreímos.

Uno de los casos que le proporcioné a otro colega fue el fallecido doctor Paul Bragg, famoso médico higienista y antiguo socio de Bernarr MacFadden. Utilicé iniciales por si el estudiante reconocía el nombre. Bragg, que por entonces tenía noventa y dos años, se había caído hacía poco y se recuperaba de la rotura de un hueso del pie que se curaba con medios naturales. Mi colega era un vidente remiso. Tenía sus dudas. Pero se prestó al juego.

—Tiene un gran mechón de pelo gris. Y le veo en un bosque en medio de la lluvia.

Eso era típico de Bragg. Vida natural, muy cerca de la naturaleza.

—¿Qué más? —le animé.

—Tiene buen aspecto para su edad. No veo que tenga problemas por fuera. Vamos a ver por dentro.

Una sonrisa le iluminó el rostro.

—¿Qué es lo que ves? —le pregunté con curiosidad.

—Tiene el estómago verde.

Ahogué la risa, que se convirtió en tos.

—Estupendo, sigue.

No se fijó en el huesecillo roto, pero estoy convencido de que aquel hombre supo del entorno, forma de vida y afición a las ensaladas y comidas crudas de Paul Bragg. Era un psíquico, pero la duda le impedía funcionar totalmente como tal.

La duda intercepta sus pasos. Hace unos dos años, cuando ya había visto en el pasado y en el futuro docenas de veces sin equivocarme, y a través de paredes, de continentes y dentro de los cuerpos una y otra vez con acierto, estaba ayudando en un laboratorio de prácticas psicotrónicas y se nos pidió encargamos de uno o dos casos. El que me probara nuevamente un colega volvió a suscitar mis dudas.

Me volví hacia el colega que se hallaba sentado junto a mí, un joven del Middle-West, y le pregunté:

—¿Lo haces *tú* primero?

No le daba alternativa.

—¿Por qué no tú?

Tampoco *me* daba él alternativa. Estaba asustado, tan asustado como cuando lo hice por primera vez hace años. Desde entonces lo había hecho docenas de veces, pero no me ponía nadie a prueba. Esto era como un examen. ¿Y si me veía fallar uno de mis colegas... Fallar yo, un psíquico tan famoso y pregonado?

Me dio las iniciales, la dirección, el sexo de un muchacho de doce años que estaba en su ciudad natal.

—Es rubio. Muy bajo.

—Sí —repuso mi colega en un tono que no quería decir nada.

«Vaya, pensé, es uno de esos que llevan el juego hasta el final y no me va a dar ninguna pista. A no ser que haya metido ya la pata».

—La verdad —seguí diciendo—, es que es demasiado pequeño y pesa muy poco. Está malnutrido. No es porque no coma lo suficiente. Es otra cosa. Voy a examinarle. Tengo que ver su sangre. Creo que ahí es donde está el problema.

Tomé su silencio por condescendencia y seguí adelante. A los pocos minutos, preguntó:

—¿Qué está usted haciendo ahora?

—Seguro, es su sangre. Está tan sucia que no puede alimentar como es debido el cuerpo con el nutrimento de la comida. Estoy filtrando su sangre y quitando todas esas malditas impurezas. ¡Qué desastre!

Seguí con mi lavado de sangre subjetivo.

—Ya está, voy a terminar la sesión.

—¿No quiere comprobar el resto del cuerpo?
—No. Ya está aclarado.
Terminé la sesión, temeroso de oír el veredicto.
Mi amigo sonreía.
—Es estupendo —dijo—. Pequeño para su edad, rubio, malnutrido. Y de vez en cuando tenemos que ponerle en un riñón artificial para depurarle la sangre. Tiene un problema de riñón.
Había acertado. Pero no del todo. El proceso de ser puesto a prueba resulta tan penoso que lo abrevié y terminé tratando el síntoma y no la causa. Si no hubiera dejado que las dudas me metieran prisa, podía haber dado con el mal funcionamiento de los riñones.
No tengo un Plan de actuación que ofrecerle a usted para disolver la duda. Es el principal enemigo. La práctica lleva a su conquista eventual.
Un estudio científico sobre psicotrónica realza la esperanza y la confianza minimizando las dudas. Si es usted capaz de comprender las revistas y folletos científicos, son una lectura excelente para aumentar la confianza y borrar la duda. No pretende este libro suplir esa información científica, sino enseñar a la gente de toda clase y situación, y de cualquier educación, a utilizar la energía psicotrónica para obtener sólidas ventajas.
Permítame decir solo esto: el deseo de funcionar psíquicamente hace que la mente opere desde centros cerebrales que no se utilizan normalmente en temas intelectuales. Aquí el cerebro funciona sobre todo a diez ciclos por segundo. Nuestra mente parece entonces «resonar» con la información deseada, no a nivel físico sensorial normal de la vista y el oído, sino de otro modo. Sin embargo, este otro modo se presenta con frecuencia como la vista y el oído. La certeza en este caso alcanza el mismo nivel que la del nivel físico, especialmente con la práctica.
Sabemos por experiencia que la información valiosa, especialmente la información relacionada con la supervivencia, está fuerte-

mente impresa en la materia. Esta impresión de la información de supervivencia también se halla impresa en la célula de la vida, sobre todo en las células cerebrales. Quizá «leamos» en la materia. Quizá «leamos» en las células cerebrales de otros o en otros tipos de células.

Cuanto más practiquemos con el funcionamiento de este cerebro de diez ciclos o alfa, mejor proyectaremos nuestra conciencia subjetivamente, en lugar de hacerlo a través de los sentidos físicos, y podremos percibir la información necesaria para la supervivencia. En efecto, nos convertimos en investigadores psíquicos.

Esto es todo cuanto tenía que decirle para tratar de explicar lo que ocurre. ¿Está preparado para hacer que funcione? Entonces dejemos las dudas a un lado y esperemos un milagro psicotrónico.

Plan de actuación para ver el futuro

Vaya a su «habitación especial» y esté expectante.
Relájese profundamente de cualquier forma que le satisfaga.
Cree una pantalla imaginaria a unos 25 grados por encima del horizonte.
Pregunte lo que quiere que se le revele acerca del futuro.
Repita mentalmente que la respuesta es vital para ayudarle a resolver un problema humano.
Espere confiado mirando a la pantalla.
Cree un calendario perpetuo en su imaginación, situado junto a la pantalla.
Avance el calendario en el tiempo mientras sigue mirando expectante a la pantalla.
Detenga el movimiento del calendario en el momento en que empiece a ver actividad en la pantalla.
Observe la actividad, tomando nota de la información vital que necesita sobre usted o sobre otro.

El ojo es básicamente un receptor, conversor y transmisor de energía. Se recibe la energía de la luz, se convierte en energía del nervio óptico y se transmite al cerebro para su interpretación.

Cuando vuelve usted los ojos hacia arriba y visualiza, el proceso de recibir, convertir y transmitir se lleva a cabo a un nivel no físico. Puede decirse que es el espíritu el que siente. El componente no físico de usted recibe, convierte y transmite a un nivel en que el tiempo y la distancia no son óbice.

En psicotrónica no se le pide que vuelva los ojos hacia arriba y vea las cosas en otra dimensión. Nadie sabría prácticamente dónde está o qué está haciendo. Sería como orientarse en un lugar sin caminos. Lo que se le pide es que mire *deseoso* y esperanzado utilizando un Plan de actuación. Ese deseo le sintoniza con la información dondequiera que esté. Esa esperanza la lleva hacia usted.

Cómo cambiar lo que se ve en el futuro

Si lo que ve en el futuro no es lo que usted cree conveniente, hay una probabilidad de poderlo cambiar antes de que ocurra, ya le afecte a usted o a otro, o a ambos.

A veces la relación causa-efecto se ha establecido de forma imposible de cambiar. Por ejemplo, varias personas habían previsto psíquicamente el hundimiento del *Titanic* tras su colisión con un iceberg a principios del siglo XX. Algunas personas soñaron con ello. Artistas lo dibujaron, novelistas escribieron narraciones sobre ello. Pero nadie pudo evitar la tragedia.

No hemos avanzado lo suficiente en este campo de la psicotrónica para saber cuándo las condiciones se han «establecido» sin posibilidad de cambio y cuándo no. En el capítulo siguiente discutiremos algunas fórmulas que se utilizan hoy en la investigación psicotrónica y que pudieran ampliar nuestro «sentir» hasta capacitarle para tomar semejante determinación. Mientras, todo cuanto podemos hacer es tratar de cambiar lo que vemos en el futuro..., y tener esperanza.

Desde luego todo lo que se ha dicho antes en estos planes de actuación tiene que ordenarse para centrar la energía psicotrónica en una especie de rayo láser que tenga el máximo poder, especialmente estos puntos:

- Conectar con el Generador Psicotrónico Cósmico (Cap. 3).
- Aumentar el poder con la intencionalidad (Cap. 3).
- Subrayar los resultados con símbolos geométricos (Cap. 5).
- Relajación instantánea alfa (Cap. 6).
- Lograr el apoyo de un poder oculto (Cap. 7).
- Abrir la mente al espacio (Cap. 8).
- Cimentar las relaciones con la conciencia universal (Cap. 9).
- Poner en la misma fase su poder psicotrónico con el del universo (Cap. 11).
- Reforzar sus órdenes con el color (Cap. 11).

Estos son los planes de actuación que, si se combinan, intensifican la energía que produce su conciencia, haciendo positivamente efectivo su pensamiento positivo.

Recuerde, tiene usted dos grandes piezas de artillería con las que lanzar esa energía imparable: sus ojos y sus manos. Antes de intentar cambiar el futuro debe preparar esos dos «aplicadores» para que operen con más eficacia.

Plan de actuación para «acelerar» los ojos
y las manos como transmisores psicotrónicos

Mírese las manos.
Véalas irradiando energía.

Rodee sus manos de luz anaranjada.
Señale con los dedos algún objeto en el otro extremo de la habitación.
Imagine que el objeto se calienta.
Mire el objeto.
Imagine que el objeto se calienta aún más con el poder cambiando de manos y ojos.
Repita varias veces antes de emprender un Plan de actuación para cambiar el futuro.

Si usted...

- Ha aceptado filosóficamente en su mente la posibilidad de un «arreglo» causa-efecto que impida el cambio.
- Ha realizado los planes de actuación de aumento de poder psicotrónico que se enumeran más arriba.
- «Acelerado» sus manos y ojos como generadores psicotrónicos.

... está dispuesto a ponerse a trabajar.

Plan de actuación para cambiar el futuro

Vaya a su «habitación especial».
Relájese profundamente.
Vuelva a crear la pantalla.
Ajuste el calendario perpetuo en la fecha del futuro que vio usted antes cuando ocurrieron los hechos que se dispone a cambiar.
Coloque un marco negro alrededor de la pantalla.
Invite a los acontecimientos indeseados a que aparezcan una vez más en la pantalla.
Apele a las fuerzas ocultas universales para que le presten ayuda.
Abra bien los ojos.

Extienda las manos y señale con ambos índices hacia el marco negro.

Ilumínelo hasta que sea de un blanco luminescente.

Vuelva a representar la escena como quiere que sea (vea más bien el final feliz y no un desarrollo específico).

Descanse durante unos minutos con las manos sobre el regazo, los ojos cerrados, sintiéndose aliviado, agradecido y sumiso.

Puede utilizar este Plan de actuación en temas que afecten a individuos a los que vea, en su representación del futuro, actuar de formas contrarias al bien común. Tiene usted muchas probabilidades de cambiar esas actuaciones en provecho suyo y de otros.

Cuanto más reducido sea el grupo de personas, más oportunidades habrá de que se dé el cambio deseado. Esto no significa que no sea posible afectar a grandes grupos. Desde luego que sí es posible. Este trabajo se puede incluso poner en práctica cuando se ve envuelta toda una nación. Naturalmente, su energía psicotrónica, por poderosa que sea, solo puede realizar un ligero cambio en el resultado.

No se deje desanimar por esto. El menor cambio atraerá más energía psicotrónica para mejorar su resultado. Será como una bola de nieve. ¡Se cumplirá el final feliz!

13
Cómo mantener la energía psicotrónica trabajando para que siga afluyendo la riqueza durante el resto de su vida

En este capítulo aprenderá algo sobre las herramientas que le ayudarán a aumentar su poder psicotrónico y sabrá lo que puede hacer durante unos cuantos minutos al día para mantener el caudal de milagros en su vida. Recibirá una técnica muy simple para conocer los pensamientos de los demás, otra técnica para realizar algún cambio en su vida, y, por último, una llamada para lograr una mayor resonancia de la energía psicotrónica universal con la que renovar su vida.

Reba T. tenía unos cuantos conejos. Uno de ellos se comportaba de forma extraña, dando saltos en círculo. Reba se relajó, fue a su «habitación especial» e imaginó en ella al conejito. Le preguntó qué le pasaba. Inmediatamente le vino la idea de que algo le molestaba junto al rabo. Terminó su Plan de actuación, fue a la jaula, levantó al conejo y lo examinó. Tenía junto al rabo una astilla y se la quitó fácilmente.

Compare este ejemplo tan trivial con Roger B. Roger estudiaba psicotrónica y la utilizaba a diario. De cada Plan de actuación obtenía beneficios. Pero entonces las cosas empezaron a irle tan bien en la vida que tuvo poca necesidad de utilizar Planes de actuación.

Viajó, vivió bien, y siempre que surgía alguna necesidad se arreglaba el asunto.

Reba era un psicotrónico principiante; Roger uno adelantado. En los primeros capítulos de este libro usted aprendió a gatear. Los Planes de actuación posteriores aumentaron sus facultades psicotrónicas. Está a punto de convertirse en alumno aventajado.

Si está utilizando el Plan de actuación de este libro para cambiar su vida, está usted alcanzando un grado en el que ya no necesita que se le den explicados todos los pasos que tiene que dar.

La mente se ajusta a la utilización automática de energía psicotrónica para los propósitos que le movieron a aplicar los planes de actuación. Empieza a sentir el futuro; otros apoyan su voluntad; la gente se comporta bien con usted. Todo parece ir bien. Se pregunta si realmente es usted quien lo hace. Pues sí.

Usted estaba creando los obstáculos que los demás le ponían. Usted estaba creando los problemas de dinero. Usted era su peor enemigo. Su energía de conciencia se hallaba orientada negativamente con sentimientos de inferioridad, persecución, carencia y mala suerte.

El tener conocimiento de su energía de conciencia, y entenderla, es cuanto necesita para cambiar las cosas a su alrededor. Este es uno de los milagros de la psicotrónica. No es como la energía eléctrica para la que tiene que hacer las instalaciones técnicas adecuadas antes de poder usarla. Usted tiene ya todo el equipo. Lo único que necesita es aprender a utilizarla.

Cuando empieza a hacerlo, produce resultados. Cuanto más la utiliza, más milagrosos son los resultados, hasta que se llega al punto en que, sin casi intentarlo, los milagros de la precognición, de la suerte, del amor y de la fortuna se convierten en su forma de vida.

Es a aquellos que no han puesto en práctica los planes de actuación, a los lectores no activos, a los que querría dirigir unos pensamientos. Hay unas herramientas que pueden facilitarles el trabajo con la energía psicotrónica.

Los instrumentos utilizados para domeñar y centrar la energía psicotrónica

Ya hemos discutido la utilización de varitas de zahorí y de péndulos. Estos se utilizan para amplificar la recepción de vibraciones psicotrónicas a través del cerebro y del sistema nervioso, proceso que hoy se conoce con el nombre de radiestesia.

Los egipcios controlaron hace miles de años la energía psicotrónica procedente del Generador Psicotrónico Cósmico. Hoy se reconoce a la cultura egipcia como centrada en torno a este fenómeno. La historia de Moisés y de cómo su vara se convirtió en serpiente y devoró a la serpiente de los sacerdotes es una historia simbólica de cómo Moisés podía dejar chicos a los adivinos egipcios.

Hoy día se reconocen las pirámides como instrumento de *concentración* de la Energía Psicotrónica Cósmica. Un joven científico moderno, Pat Flanagan, ha hecho de la pirámide en miniatura una herramienta de meditación muy popular. Sin embargo, la investigación va más allá de esa utilización.

Los sacerdotes egipcios utilizaron primero el poder psicotrónico de sus pirámides para evitar el deterioro. Los experimentos que se realizan actualmente demuestran el nuevo empuje y la prolongación de la energía de vida dentro de nosotros gracias a la utilización de la forma piramidal.

En este siglo, Wilhelm Reich trató de captar lo que él llamaba energía «orgonal» con una caja especial. Su trabajo fue muy controvertido, pero hoy es objeto de nuevo estudio.

Quizá el hombre que más está haciendo en el campo de los instrumentos psicotrónicos sea Christopher Hills, director de la universidad de Trees en Boulder Creek (California). Ha combinado los principios del péndulo y de la pirámide para crear un detector de poder psicotrónico. El Péndulo Verde Positivo de Hills está sintonizado con la misma energía positiva dadora de vida que sale del vértice de una pirámide.

El centro del péndulo contiene un poder radiactivo. El péndulo reacciona girando en el sentido de las agujas del reloj cuando hay energía de vida en plantas alimenticias, y en sentido contrario cuando las plantas contienen agentes o energía insalubres o desintegradores.

Hills también ha diseñado péndulos para utilizar sobre aguas, para detectar si son salubres o no, y péndulos con un magneto que confirman si su visión del pensamiento de otros es correcta o no. Se puede utilizar un simple péndulo de madera para recargar el cuerpo y convertir en positivas las emociones negativas.

El Acumulador Orgonal de Rayos Pi de Hills es una cajita de madera, especialmente construida, con una espiral metálica. Se pretende con ella añadir vitalidad y energía a una persona cuya fotografía se coloca dentro. La caja actúa como una lente que concentra la Energía Psicotrónica Cósmica.

Le pedí a Christopher Hills que me diera un ejemplo de cuándo había funcionado su caja. Me dijo que funcionó en su vida no hacía mucho. Su hijo John se había roto un dedo del pie. Su mujer, Norah, decidió usar la caja para acelerar la curación. Colocó dentro de la caja una foto de John cuando estaba bien. Para comprobar mejor el resultado, escribió 1.000 dólares en un papel y también lo metió dentro. Tres días más tarde el pie estaba curado. También llegó un hombre a pedirle a John que hiciera una foto para la portada de su revista, en auge creciente. John rehusó, alegando: «Me gustaría hacerlo, pero necesito dinero y tengo que dedicarme a cosas más productivas». Entonces el hombre sacó la cartera y le entregó mil dólares. «Aquí tiene un adelanto», le dijo.

Cómo fabricar su propia «máquina de dinero» psicotrónica

Puede utilizar una pequeña caja de madera como herramienta para lograr que la energía psicotrónica trabaje más eficazmente para usted. He aquí cómo.

Plan de actuación para crear una máquina de dinero psicotrónica

Comprenda que va a empezar con un joyerito de madera, y que tendrá que ser «guiado» hasta la caja apropiada.

Pruebe todas las cajitas que tenga sosteniendo sobre ellas el péndulo, y preguntando: «¿Es esta la apropiada para mi máquina de dinero?».

Coja la cajita que produzca mayor agitación en el péndulo.

Coloque y pegue una piececita de oro en la caja, aunque solo sea un eslaboncito de una cadena dorada.

Duerma con la caja debajo de la almohada durante al menos una semana y llévela consigo a todas partes durante el día, manteniéndola tan cerca de su persona como le sea posible, en el coche, en la mano o en el bolso, o en cualquier otro lugar próximo a usted.

Vaya a su «habitación especial» pasada la semana, con la caja.

Vea entrar luz por la claraboya, darle en lo alto de la cabeza, bajarle por el cuerpo y salirle por el plexo solar para dar a la caja.

Cargue de ese modo la caja durante tres minutos.

Termine la sesión.

He aquí cómo utilizar esa caja como máquina de dinero.

1. Escriba en un papel cualquier cantidad de dinero que necesite; como, por ejemplo: «Necesito 8.000 euros para comprarme un coche».
2. Doble el papel con la escritura hacia dentro y coloque el papel en la máquina de dinero psicotrónica.
3. Coloque la cajita en lugar seguro pero visible...; por ejemplo, en el salón, en un estante; o en el borde de la ventana.
4. Sepa que la máquina ya está trabajando.
5. Cuando reciba el dinero, ya puede volver a llenar la cajita con su «encargo» de dinero siguiente.

Dorothy H. estaba divorciada. Tenía dos hijos adolescentes a quien cuidar y no recibía el dinero suficiente de su exmarido, por lo que decidió volver a su antigua carrera de vocalista. Pero los contratos requieren tiempo y empezó a pedir prestado dinero a sus amigos para pagar las facturas. Una amiga la ayudó a fabricar una máquina de dinero psicotrónica. Su primer encargo fue de 1.000 dólares a la semana. En menos de cinco días recibió una oferta para actuar como azafata social en un hotel y cantar todas las noches en el comedor. El sueldo era de 1.000 dólares a la semana. Desde entonces no le faltan los contratos y recibe dinero a manos llenas.

Si necesita un instrumento para relacionarse con una mayor conciencia, están naturalmente los objetos religiosos y una amplia gama de amuletos, encantos y talismanes cuya presencia sobre o cerca de usted producen el efecto deseado.

Su promesa se dirige más al escéptico que al creyente. Pero en esta etapa de la evolución —la etapa llamada psicotrónica, en la que los milagros se hallan a la orden del día—, los escépticos son mayoría, por lo que las promesas de estos instrumentos son útiles.

Si usted no ha realizado los Planes de actuación, aún está a tiempo de empezar. Le recomiendo que piense en un instrumento.

Los instrumentos más comunes son aquellos que sirven para relajar: metrónomos, grabaciones vocales que inducen una relajación progresiva, grabaciones o discos de música que inducen tranquilidad, etc.; muy útiles para quienes les cueste trabajo relajarse. Sin embargo, la motivación y la creencia parecen ser problemas más importantes. Estos requieren instrumentos más extraños, como los que acabo de describir.

Sobre los cursos psicotrónicos y su valor como instrumento

En una portada de la revista *Newsweek* (del 6 de septiembre de 1976) se ve la cabeza de un hombre con muchas etiquetas, incluyendo Bioenergética, TM, est, Silva Mind Control, Psicosíntesis, Arica y Rolfing.

El título era «Reunir su cabeza», y la historia de ese número explicaba la forma en que esos cursos y programas ayudan al hombre a desarrollarse y progresar. Me han expuesto esos programas y muchos otros. Todos son buenos, dependiendo de sus necesidades y del estado de desarrollo. Si tuviera que recomendar uno de ellos, sería el Silva Mind Control.

Uno de los más sorprendentes logros del siglo pasado se ha dado en salones alquilados y salas de conferencias de todo el país. Hombres y mujeres de cualquier clase social están descubriendo que tenían una facultad mental que no sospechaban. En unas 48 horas de experiencia son capaces de demostrar, para sorpresa suya, que pueden recibir sensaciones a cientos de millas y detectar información importante. Están aprendiendo a visualizar de forma especial y a hacer que ocurra lo que ven. Hay actualmente siete millones de graduados en toda América y en Europa.

He pasado la experiencia del Control de la Mente Silva en varias ocasiones con diferentes conferenciantes. He seguido las conferencias para graduados de José Silva y repetido los cursillos de postgraduados dos veces más con altos jefes del Silva Mind Control. He ayudado a preparar a otros. Pero lo mejor de todo es que he tenido el privilegio de utilizar el entrenamiento mental durante tres años en mi propia vida. Les puedo garantizar que todo cuanto oigan hablar de este entrenamiento es tan milagroso como les cuentan.

Personas corrientes como usted y como yo se convierten en gente extraordinaria. Antes de una semana, el cursillo es capaz de corregir sus problemas de salud, de crear riqueza y de avanzar con seguridad hacia la meta que se fije.

Utilice instrumentos, lea libros, siga cursos..., todo ello le ayudará a convertirse en un superhombre con superpoder mental al comenzar a fluir su energía psicotrónica de conciencia.

El único paso que se precisa dar a diario para mantener el flujo de la energía psicotrónica

Rudy J. es un diseñador de joyas de gran prestigio. Sin embargo, hace unos años, las cosas no le iban bien. Sus diseños no tenían aceptación. Eran originales, quizá demasiado originales. Los clientes miraban, aprobaban, pero se iban. Rudy tuvo que aceptar un empleo como vendedor en un almacén de joyería para poder subsistir.

Rudy entendía la creatividad. La veía como su propia energía psicotrónica comportándose de cierta manera. Se dio cuenta de que esa manera tenía que ser más acorde con la demanda, con los gustos y deseos de los demás. Se dio cuenta de que su energía psicotrónica no estaba del todo «en fase» con la de los demás.

Por eso decidió hacer algo. Lo de la habitación especial en su imaginación en la que pudiera sintonizar su conciencia con la conciencia universal estaba muy bien, pero decidió que creando una habitación de verdad —con su claraboya y todo— podría al mismo tiempo sintonizar y diseñar en ella. Construyó la habitación —una especie de santuario para meditar—, un lugar en el que poder reforzar su conexión con el Generador Psicotrónico Cósmico a diario, y luego trabajar con metales y piedras mejor sintonizado. Se iba a su habitación y se sentaba tranquilamente todos los días antes de ponerse a trabajar.

Al cabo de unas cuantas semanas, Rudy J. empezó a ver una diferencia en su propio trabajo. En lugar de diseños originales de naturaleza artística que otra persona pudiera encontrar interesante pero nada más, sus diseños empezaron a adquirir un significado más simbólico, más espiritual. Serpientes, círculos, cruces y otros símbolos combinados con cabezas de personajes bíblicos y de otros libros de sabiduría fueron las directrices de su joyería.

La gente admiraba y compraba. Se convirtió en el joyero privado de varios diplomáticos y de gente influyente. En el prestigioso diseñador de joyas que hoy es.

Si hay un solo acto que usted pueda llevar a cabo para mejorar su vida, ese acto es pasar unos minutos al día, como Rudy J. hizo. No necesita un lugar real en su casa para relajarse y volver su conciencia hacia el universo. Puede imaginar que está en esa habitación.

Lea los planes de actuación del Cap. 2 nuevamente y decida empezar por ahí. Luego el siguiente Plan de actuación a diario.

Plan de actuación diario para un poder continuo

Pase unos cuantos minutos en su habitación especial, relajado y sintiendo solo la mayor conciencia que le rodea: la fuente de energía psicotrónica que se conecta con usted, una energía mental crepitante en el momento en que piensa en ella.

Sepa que no es usted un ser extraño cuando hace esto. Millones de personas lo llevan a cabo secretamente. Lo cierto es que se queda rezagado si no lo hace.

Cerca de Bolonia (Italia), un muchacho de diez años vio a Uri Geller en un programa de televisión doblar llaves y tenedores. Ahora, Paride Giatt demuestra su poder psicotrónico a millones de telespectadores italianos. El doctor Massimo lnardi, físico y presidente del Centro de Parapsicología de Bolonia, predijo en el *National Enquirer* que, con el tiempo, Paride aventajaría a Uri doblando metales con los poderes de su mente.

Una mujer de Nueva York oyó hablar de una moscovita que podía mover objetos sobre una mesa mentalmente. Dijo que si una rusa era capaz de hacerlo, ella también. Y al cabo de unos meses de práctica, se puso a hacerlo.

Unos chicos de un instituto de Tokio oyeron hablar de los poderes mentales usados para doblar tenedores. Ahora lo hacen ellos.

Usted ha oído hablar ahora del poder psicotrónico que puede proporcionarle dinero, poder, control, amor y suerte. ¿Por qué no se decide a unirse al grupo de los que lo utilizan y mejoran su vida?

El más avanzado de todos los milagros psicotrónicos

Ahora me gustaría volver a aquellos de ustedes que ya tomaron la decisión y han estado realizando milagros en sus vidas, utilizando los planes de actuación descritos en los anteriores capítulos.

La psicotrónica es una ciencia nueva. Sus resultados increíbles de hoy se considerarán mañana agua pasada. Ni usted ni yo podemos probablemente concebir, y menos creer, las clases de milagros que pueden caber dentro del terreno de las realizaciones humanas dentro de pocos años. A lo más que alcanza mi conciencia en la aceptación de esos milagros es al acto de *meterse en la conciencia de otra persona*. Para mí eso es lo último y definitivo.

Me resulta más fácil concebir una conciencia universal intercediendo en un maremoto o en un terremoto, o en la conciencia individual, llegando al futuro y cambiándolo, que lo de «entrar en la cabeza de otro» y sentir y conocer las actitudes, emociones e intenciones de esa persona. Sin embargo, yo lo he hecho y otros también. Y usted va a hacerlo.

Lo primero, una advertencia. Su cabeza a veces le resulta incómoda. Algo le preocupa, le corroe, le «ronda». Si otra persona se «metiera en su cabeza», se sentiría aún más incómoda que usted. Usted ya se ha hecho a sus propios pensamientos y sentimientos, por mal que se sienta. Pero para otra persona serían un choque. Cuando «entre en la cabeza de otro», hágalo con cuidado, preparado para detectar lo que precisa y «salir corriendo».

¿Qué significa eso de «meterse en la cabeza de otro?» Es un acto puramente imaginario, pero recuerde que nos estamos refiriendo a la energía de conciencia y que, por tanto, lo imaginario tiene un efecto real. El intento de «meterse en la cabeza de otro» pretende penetrar en los pensamientos y sentimientos de esa persona: entrar en su «espacio».

Vivian L. necesitaba mi ayuda. Acepté otorgarle una sesión de «consejo» amistoso. Estuvimos andando durante media hora. Vivian habló de su infelicidad. Su piso era demasiado pequeño. Su trabajo estaba mal pagado. Pero me di cuenta de que había algo más tras la depresión que parecía estar atravesando.

Decidí terminar la sesión bruscamente con la excusa de que tenía otra cita. Quedamos citados para otra sesión al día siguiente. En cuanto se marchó, fui a mi «habitación especial» bajo la claraboya, situé a Vivian en mi pantalla imaginaria, le quité la cabeza y la coloqué sobre la mía, como un casco.

Inmediatamente me di cuenta de lo que le pasaba. Se sentía sola. Tenía un novio. Pero no llenaba sus necesidades sexuales. Recordé su experiencia la última vez con él: no hubo clímax por parte de ella.

«Me quité su cabeza», porque ahora todo estaba explicado.

Cuando Vivian volvió al día siguiente, fui directo a su vida amorosa. ¿Quién es tu novio? ¿Qué significa para ti? Resultado claro: le recomendé que fueran a ver a un consejero matrimonial aunque no pensaran en esos términos, y le consultaran sobre técnicas sexuales.

Un mes más tarde me encontré de nuevo con Vivian. Se encontraba radiante. No me dio detalles de su vida amorosa, pero tampoco tenía problemas que solucionar.

Puede usted utilizar el siguiente Plan de actuación para:

- Saber lo que planea un competidor.
- Conocer los síntomas físicos que experimenta otra persona.
- Prever adónde o con quién planea ir otra persona.
- Conocer lo que piensa otro de usted o de otra persona.
- Identificar actitudes o emociones para predecir lo que, si no, sería comportamiento imprevisible.

No puede utilizar el Plan de actuación para:

- Crearle un problema a alguien al que no quiere.
- Sabotear los pensamientos de alguien.
- Perjudicar a alguien a través de un tercero.

Si decide utilizar este Plan de actuación para este tipo de interferencia, puede parecer que funciona, pero el proyectil hará diana para rebotar y herir al que disparó.

Plan de actuación para meterse en la cabeza de otro

Vaya a su «habitación especial» bajo la claraboya.
Active su pantalla.
Haga aparecer en ella a la persona cuyos pensamientos o sentimientos quiera usted detectar.
Aumente la imagen hasta que ocupe toda la pantalla.
Mueva la imagen aumentada hacia usted para verla aún mayor.
Vuelva de espaldas a la persona, de manera que tenga delante de usted su nuca.
Extienda las manos hacia delante y ponga una a cada lado de la cabeza de la persona.
Póngase la cabeza sobre la suya como si fuera un casco. (Si sintiera un malestar muy grande, limítese a quitarse la cabeza y a volver a ponerla en la pantalla. Vuelva a intentarlo ese mismo día o al día siguiente.)
Observe sus propios pensamientos, sentimientos, dolores o sensaciones, pues esos son los pensamientos y sentimientos predominantes de esa persona.
Pregunte lo que desea conocer si aún no ha detectado la respuesta.
Acepte los pensamientos que le vienen como pensamientos de la persona, aunque le parezcan fantasías o conjeturas por su parte.
Devuelva la cabeza a la pantalla.
Vuelva de nuevo a la persona de forma que le vea la cara.
Envíe pensamientos positivos de comprensión y de unicidad.
Haga desaparecer a la persona de su pantalla y termine su sesión.

Podemos creer que científicos de varios países han logrado controlar la mente de un individuo a distancia. Este control puede provocar la distorsión de lo que el controlado ve, que se convierte en lo que el controlador quiere que vea. Se sospecha que se utiliza un método análogo al descrito en el anterior Plan de actuación. Hasta ahora no sabemos cómo protegernos contra este control.

Aparentemente, la naturaleza nos da una conciencia, que es básicamente una parte de la conciencia universal. Pero la naturaleza también le devuelve al responsable el mal perpetrado.

Cómo cambiar el mundo a su alrededor y hacer de él el mejor de los mundos

El autor estudió hace años con un sabio filósofo, el doctor Jacques Bustanoby, un vasco que tenía un centro en Nueva Jersey. Los estudiantes se brindaban a ayudar a mejorar el centro. Una tarde telefoneé para decir que me quedaría un rato para colaborar en la pintura de la fachada del edificio. «Pero no me asignen el cuarto piso —imploré—. No me manejo muy bien con la escalera.»

«Estupendo, repuso. ¿Por qué no te quedas luego a cenar?» Cuando acepté, me preguntó si había algo que no podía comer. «Puedo comer de todo —le aseguré—. Lo único es que el hígado y yo somos incompatibles.»

Cuando llegué un par de horas más tarde, me dieron una brocha y un bote de pintura y me subieron a una escalera en la parte de atrás del edificio. «Esa buhardilla del cuarto piso es la que quiero que termines de pintar», dijo el doctor Bustanoby, señalando hacia arriba.

Con el corazón en la boca, subí lentamente sin mirar para abajo y empecé a pintar, ocupando mi mente con la lección que me estaba dando.

Más tarde fui recompensado con una cena deliciosa: hígado de ternera encebollado. Aquella lección en dos partes no tenía palabras. Quizá por eso resultaba tan clara.

Nosotros nos hacemos nuestra propia cárcel. Algunos viven toda su vida prisioneros de esos miedos, sospechas, ansiedades y otras utilizaciones negativas de la energía de conciencia. Otros son lo bastante afortunados como para dar con un hombre sabio que les susurra al oído. Tratan de abrir la puerta de la cárcel y ven que siempre ha estado abierta. Ahora puedo subirme a escaleras. Y me encanta el hígado.

El doctor Norman Vincent Peale nunca utilizó la palabra «psicotrónica» en su famoso libro *The Power of Positive Thinking*. Se han vendido millones de ejemplares y ha cambiado más de una vida. ¿A qué poder afecta el pensamiento positivo? Cuando se es doctorado en religión, es natural que se considere ese poder como el poder de Dios. Cuando se es doctorado en física, es natural que se considere ese poder como el poder de la psicotrónica.

¿Es su vida una marcha fúnebre o una triunfal? Si no le gusta la sintonía, cámbiela. Ahora tiene la fórmula para hacer cualquier cambio que desee: *Basta con pulsar el botón psicotrónico adecuado*.

En electricidad hay que leer un diagrama eléctrico para saber qué botón o interruptor es el adecuado. En psicotrónica, lo único que hay que conocer es qué se desea, y saber que el desearlo sitúa automáticamente su poder en resonancia con la longitud de onda necesaria para que se cumpla el deseo.

Ahora bien, necesita una metodología para implementar este deseo, un Plan de acción. Cuando haya realizado docenas de planes de acción, el deseo y la visualización positiva es cuanto necesita, nada de metodología, nada de retirarse a una habitación de meditación imaginaria bajo una claraboya que le conecta con el universo, nada de relajación consciente, nada de pantalla. Podrá ir por la acera, «ver» que algo ocurre por donde usted va que hará mejorar su vida, y ya está. Mientras, sin embargo, necesita entrenar su mente para que funcione de esta manera. Este es el propósito del Plan de actuación.

El Plan de actuación básico para hacer la vida mejor es el siguiente.

Plan de actuación para cambiar el mundo a su alrededor

Vaya a su «habitación especial», bajo la claraboya.
Cree su pantalla.
Véase en ella tal y como es, con otras personas si están involucradas, pero en aspectos con los que no se halla contento o satisfecho.
Ilumine el marco de la pantalla.
Cambie su imagen en la forma en que desea que sea, cambiando también las personas y las circunstancias.
Permanezca unos minutos en esa representación positiva.
Termine la sesión, sabiendo que la energía psicotrónica ya está trabajando para hacerlo realidad.

John J. era un hombre brillante, pero siempre estaba sin un céntimo. Por alguna extraña razón, no era capaz de coger una idea —como su idea de un *buffet* chino, de un libro sobre fiestas, de una escuela de modelado y de una agencia— y hacerla fructificar. Sus amigos decían que «se le iba la fuerza por la boca».

Entonces John empezó a estudiar psicotrónica. Le parecía que era algo que ya conocía —le dejó muy sorprendido—. Pero lo que más le chocó fue su propio error: estaba hablando de sus ideas creativas y cortocircuitaba su energía psicotrónica. Dejó de hablar y empezó a ir a su «habitación especial», bajo la claraboya, donde se vio a sí mismo llevando a la práctica su última idea, y vio a la gente acudir a ayudarle. Pronto tuvo un negocio de intercambio, un camión de venta de alimentos dietéticos, y estaba escribiendo tarjetas de felicitación muy originales. El dinero le llegaba de muchas partes..., y no era más que el comienzo para el adinerado John.

¿Cuántos pensamientos hay en este mundo? El número es astronómico y aumenta a cada momento. Todo pensamiento, repetido con cualquier constancia, se crea en el mundo físico. Esto lo entendemos cuando vemos trabajar a un escultor, o a un arquitecto, o a un decorador. Pero este proceso del pensamiento a la materia está efectuándose constantemente. Todas las cosas buenas que nos rodean han sido creadas por el pensamiento. Y las malas.

La inhumanidad del hombre con el hombre es el artículo de fondo. Incendios, guerras, colisiones, muertes, enfermedades ocupan las primeras páginas. Las cosas buenas ocupan las últimas páginas —si es que se publican—. La violencia, la opresión, el crimen, las luchas ocupan nuestra atención mucho más intensamente que los premios, las buenas acciones, los éxitos. Estas cosas parecen un reto a nuestra creencia en un Dios infinitamente bueno, o en la bondad del hombre, o en la suposición de que la vida tiene que ser agradable. Empezamos a considerar la vida como algo doloroso, trágico, un «valle de lágrimas».

De esa forma le damos una mayor energía creativa a esos sucesos negativos, más poder psicotrónico. Y cada día aprendemos de forma más vívida que la vida es mala. ¿Es esta la lección que queremos aprender? Si es así, entonces adelante, y apréndala. Pero ustedes que no son de esa opinión, síganme.

La lección que yo enseño, y que voy aprendiendo día a día de mi vida, es que la elección es nuestra y que la vida que elegimos tiene que ser de alegría, de satisfacción, de invención creativa, de poder, de fama, de respeto, de salud, de longevidad y de bien. Elija esta vida y empezará a sospechar que esta es la que tenía usted que haber vivido siempre.

Un sonido que puede utilizar para una vida plena

Un estudio de tres años, realizado en el Instituto Médico de la universidad hindú de Benarés, ha concluido, en palabras de su director, el doctor K. N. Udupa, que el yoga y la meditación pueden ser buenos para usted. En un país en el que la gente lleva siglos practicando el yoga y la meditación, el hacer este estudio es en cierto modo una paradoja. Mientras el yoga y la meditación se han extendido por Occidente, la actual generación de la India ha perdido el interés por ellas.

Estamos redescubriendo ahora su capacidad para aliviar enfermedades producidas por la tensión de la vida moderna, como el insomnio, la adicción a la droga, las úlceras y los problemas cardiacos. También se ha comprobado que aumenta la virilidad y retrasa el envejecimiento, ayuda a controlar el peso, a bajar la presión sanguínea, y mejora los problemas respiratorios. Los planes de actuación dictados por la ciencia de la psicotrónica son muy análogos a los tipos de yoga y meditación.

También estamos redescubriendo la antigua sabiduría de la forma piramidal y cómo ayuda a centrar una energía análoga a la que alcanzamos con la conciencia tomándola del Generador Psicotrónico Universal. El «Mariner 9» tomó unas fotografías en 1972 en las que se ven unas formaciones sorprendentemente iguales a las pirámides egipcias en una llanura: tetraedros perfectos.

Los planes de actuación dictados por la ciencia de la psicotrónica son muy análogos a sentarse en un lugar especial en donde se centra la energía.

Este libro está a punto de terminar. Pero para usted es el principio. No solo está mejorando su vida de muchas maneras, sino que está mejorando este mundo para que las personas vivan mejor en él. Este es el instrumento para hacerlo, uno que lleva consigo y lo puede utilizar para activar su energía psicotrónica y consonarlo con su fluido universal de energía psicotrónica. Es su voz.

Toda energía es vibración. Si utiliza su voz, crea unas vibraciones. Siempre que utilice su voz, está produciendo una energía negativa o positiva, energía que puede ser creativa o destructiva. Usted ayuda a su conciencia cuando utiliza su voz para palabras positivas y no negativas. Su energía psicotrónica trabaja para usted cuando dice: «Cada día, de cualquier manera, me estoy haciendo mejor, cada vez mejor». Pero también funciona obedientemente *en contra* suya, si utiliza su voz para decir: «Cada día, de cualquier manera, estoy peor, cada vez peor».

Uno de los sonidos más creativos que puede producir con su voz lo han estado utilizando desde hace siglos los yoguis de la India. Es un sonido que se puede escribir y pronunciar como «OM» o «AM». Es lo más parecido al sonido del universo —definido como los sonidos totales de los átomos, moléculas, planetas y galaxias— que pueden producir la voz humana. Cuando usted produce el sonido OM, todo resuena ante él. Puede «oírlo» con un estremecimiento de las palmas de las manos si estira los brazos hacia el frente, con las palmas hacia abajo.

Le voy a pedir a usted que produzca ese sonido, con las palmas hacia arriba en una postura receptiva. Luego, después de decir OM, sus manos se sentirán energizadas y sus ojos serán mejores transmisores del poder psicotrónico.

¿Preparado? Entonces, empiece...

Plan de actuación para hacer resonar
la llamada a la energía universal

Relájese en posición sentada.
Coloque las manos sobre su regazo, con las palmas hacia arriba.
Cierre los ojos.

Entone OM de forma monótona, manteniendo la M mientras expulsa el aire.

Repita otras dos veces.

Permanezca con los ojos cerrados en la posición sentada durante aproximadamente un minuto.

Esté consciente del universo del que forma parte.

Ame al universo.

Termine la sesión, pero...

¡Comience una nueva vida!